中国历史文化名城·名镇·名村丛书

中国民间文艺家协会　组织编写

中国名城·云南

大理

总主编　潘鲁生　邱运华　撰稿人　王　伟　杨伟林

知识产权出版社

全国百佳图书出版单位

国文化遗产的丰富性存留在古村落里，中国非物质文化遗产的精华闪烁在古村落里，中华文化的根脉深深扎在古村落里。中国文化遗产的丰富性存留在古村落里，中国非物质文化遗产的精华闪烁在古村落里，中国文化的多样性散落在古村落里，中国民间文化的独特魅力汇聚在古村落里，

中国文化的多样性散落在古村落里，中国民间文化的独特魅力汇

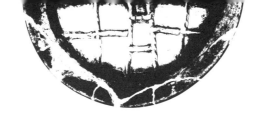

《中国历史文化名城·名镇·名村丛书》
总编委会

总顾问： 冯骥才

总主编： 潘鲁生　邱运华

执行总主编： 诸敏刚

编　委：潘鲁生　邱运华　张志学　周燕屏　吕　军

徐岫鹃　刘德伟　王润贵　汤腊冬

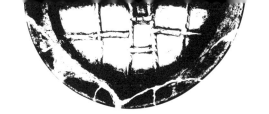

《中国名城·云南大理》

本书撰稿：王　伟　杨伟林

本书摄影：杨伟林

英文翻译：何光云

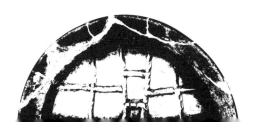

积聚海量信息 寻觅科学路径（序一）
邱运华

　　传统村落保护是当下中国文化遗产保护工作中最重要的社会性课题之一。对于一个具有绵延五千年不间断农业文明的民族来说，传统村落能否得到妥善保护更是一个文明能否传承的关键问题。

　　传统村落保护是当代社会发展的普遍问题，不独中国社会存在，西方发达国家存在，东方发达国家也存在。从世界范围看，这是一个国家从欠发达到发达、从农业社会过渡到工业社会、从以农村为主体发展到城镇化生活方式过程中普遍存在的问题。有学者把中国农村经济结构改造、社群建设、新文化建设和整体民生改善工作这一进程，追溯到20世纪50年代。但我以为，它毕竟不是我们现在所处的整体转向工业化、城市化进程中遇到的课题。中国社会同一性质的乡村保护课题，起源还是世纪之交的2003年2月18日"中国民间文化遗产抢救工程"。到2012年12月12日，住房和城乡建设部、文化部、财政部联合发布《关于加强传统村落保护发展工作的指导意见》，2014年4月25日，除上述三部外又增加了国家文物局，联合发布《关于切实加强中国传统村落保护的指导意见》，两次重申传统村落保护的联合行动。冯骥才先生在2012年的一篇文章里把传统村落保护提高到文明传承的高度，我认为非常正确。中国社会各界对传统乡村保护的问题，有着非常积极的呼应。

　　中国是发展中国家，但是在东部、南部和东南部区域看，具有发达国家的基本特征。农村人口从西部向东部、从村落向城镇转移，是1990~2010年之间最重要的社会现象，这一巨大的人口变迁集中表现为城镇人口急速膨胀、传统村落急速空心化，不少历史悠久的自然村落仅仅剩下老人和儿童。因此，传统村落的保护在中国面临的问题，与发达国家相比，具有共同性。例如，从"二战"后恢复到工业化时期，德国和日本先后进行的村落更新或改造项目，具有几个明显特征：一是以激发村落内部活力、发展农村经济作为前提，以改造农村基本生活设施作为基础展开；二是村落更新或再造项目以土地管理法令的再研究作为保障；三是建立了学术界论证、公布更新或再造规划、政府支持的财政额度及投入指向、个性化改造方案与村民意愿表达的有效沟通机制，确保有效保障村落历史文化、自然风景、公共空间与私人空间等要素。综合来看，先行的国家特别注重传统村落的"民间日常生活"保存问题。

所谓"民间日常生活"具体含义是什么？指传统村落村民群体的方言、交往方式、经济生产活动、衣食住行、生老病死、教育、节日活动、传统风俗、民间信仰活动以及区域性的传统手工艺活动等，以及上述种种的精神性、思想性、文化性、艺术性和物质性表现形态。长期以来，中国传统村落之所以成为民族文化的保留者和传承平台，核心在于保存着这个民间日常生活，它的内容和方式，在民间日常生活的基础上，方可承载不同样式、层次的民族文化。

之所以在这里提出"民间日常生活"作为传统村落的文化基础问题，乃是因为看到目前对待传统村落的两种观点具有相当的欺骗性，并不同程度地主宰和误导了传统村落的基本价值指向。一种是浪漫主义传统村落观，一种是商业主义传统村落观。浪漫主义传统村落观把传统村落理想化、浪漫化，仿佛传统村落是用来怀旧的，象征着一切美好的自然与人类的和谐，田园风光，日出而作，日落而息，男耕女织，像是《桃花源记》里的武陵源，"不知有汉，无论魏晋"。但是，这不是民间日常生活；民间日常生活还包含在落后生产力条件下的温饱之苦、辛劳之苦，是传统村落里百姓的生活常态；生产关系之阶级阶层压迫、政治强权和无权地位，以及在自然面前束手无策，在兵灾、匪患和种种欺男霸女面前的悲惨状态，甚至新中国成立以来出现的政治压迫、思想禁锢和社会

运动之灾，是乡村浪漫主义者无法想象的，而这，就是大多数传统村落的民间日常生活。文人雅士，在欣赏田园风光和依依炊烟之时，能否探入茅舍，去看看灶台、铁锅和橱柜，去看看大量农夫、农妇的身子，他们是否仍然饥饿、寒冷？或者他们的孩子是在劳作还是就学？商业主义传统村落观呢，则直接把传统村落改造成伪古典主义的模板，打造成千篇一律的青砖瓦房，虚构出一系列英雄史诗和骑士传奇，或者才子佳人和神异仙境的故事，两者相嫁接，转化为商业价值或者政绩价值，成为行政或市场兜售的噱头，这一行为成为当下传统村落"保护"的常态。这两种传统村落观，一个共同的特点是把村落与民间日常生活相割裂，抹杀了民间日常生活在传统村落里的价值基础，从而，也直接把世世代代生活于这一场景的村民们赶出村落，嫌他们碍事，妨碍了我们的浪漫主义和商业主义梦想；他们不在场，我们可以肆意妄为地文化狂欢。那些在民间日常生活中久存的精神性的、思想性的、文化性的、艺术性的符号，均不在话下。但是，假如村民不在场，社群活力不再，传统村落如何是活态的呢？西方哲学有一个时髦术语，叫做"主体缺失"，因为主体缺失，因而话语狂欢。

关注传统村落的村民，无疑是中国传统村落保护的第一要素。但恰好是人这第一要素构成了传统村落的凋敝和乡愁的产生。

1990~2010 年之间二十年，随着一些区域传统村落里村民流动性的增强，特别是青壮年村民向东部、东南部和南部沿海地区季节性的流动，极大地影响了这些区域传统村落民间日常生活的展开，减弱了传统村落的社群活力，也相应削弱了传统文化活动的开展。这样，构成传统村落民间日常生活的内容慢慢演变成淡黄色、苍白色，成为一种模糊记忆，抑或转化为一年一度的春节狂欢，最后，演变定格成为日常性质的乡愁。民间日常生活不再完整地体现在现在乡村生活之中。那个完整的民间日常生活，在我们不得不离开它的土壤之后，便蜕变为乡愁。乡愁这只蝴蝶的卵，就是民间日常生活。而伴随着乡愁这只蝴蝶而出现的，却是一个个村落日常生活不断凋敝、慢慢消失。乡愁成为我们必须抓住的蝴蝶，否则，我们的家乡便消失在块垒和空气之中，我们千百年创造的文化便无所依凭。然而，据统计，在进入 21 世纪（2000 年）时，我国自然村总数为 363 万个，到了 2010 年，仅仅过去十年，总数锐减为 271 万个。十年内减少约 90 万个自然村。若是按照这个速度发展下去，三年、五年之后，我们的传统村落便无踪无影了。也就是说，出生和成长在这些村落而现在散居在世界各地的人们，将无以寄托他们的乡愁。若是其中有的村落有几百年、上千年甚至更久远的历史呢？若是其中有的村落有着华夏一个独特姓氏、家族、信仰和其他各种人文景观等等呢？

　　越来越多的学者开始从事传统乡村保护的研究工作，例如《人民日报》2016 年 10 月 27 日发表了"老宅、流转、新生"为题的介绍黄山市探索古民居保护新机制的文章，还配发了题为"古民居保护，避免'书生意气'"的评论；《中国文化报》2016 年 10 月 29 日发表了题为"同乡村主人一起读懂文化传承"的文章，提出了"新乡村主义"的概念，在它的题目之下，包含有乡村治理、乡村重建和乡村产业化的多功能孵化等内容。为此，文章提出了"政府在制定政策方面、标准化编列预算、聘请专家团队和 NGO 组织，进行顶层设计、人才培养、产业孵化和公共服务"四项基本措施，还配发了"莫让古民居保护负重前行"的文章。《光明日报》2016 年 11 月 15 日发表题为"福建土堡：怎样在发展中留住乡愁"的报道，记叙了专家考察朱熹故乡福建三明尤溪土堡的过程，记者报道了残存的土堡现状，记录下专家们的意见：政府与社会资本合作的"PPP 模式"，面对乡村人口日趋减少的不可逆现实，应该吸引城市中的人回到乡村，将土堡打造为"民宿"，在不破坏现有形制的前提下，实现功能更新。也有专家提出，就保护而言，首先应该考虑当地人，人的利益是优先的，只有做到长期发展而不是只顾短期利益，文化遗产保护事业才能够持续发展，等等。

上述建议，已经超越了简单的乡愁情怀，而诉诸国家土地法规、资金筹措模式、专家功能实现等层次。应该说，在越来越深入研究、讨论的基础上，对传统村落保护的思路越来越宽了，为政府制定传统村落保护法提供了良好的基础。在国家立法的基础上，国家、地方政府组织专家开展普查，确认传统村落的级别，分别实施不同层次的激活、保护、开发，才有坚实的基础。

我理解，通过专家学者的普查、认定，形成的结论一定会有利于政府形成健全完备的保护方案和具体操作措施，使仍然有社群活力的乡村，实施新农村建设规划，改善其经济机制、改建生活设施，改善村民的生活条件，把工作重点聚焦到提高农业产业框架基础、为居民提供更好的生活环境、增强村庄文化意识、保存农村聚落的特征；为有着特殊文化传承却逐渐凋敝，甚至失去社群活力的乡村，探索一套完善保护的工作模式，形成一种工作机制，并得到国家法规政策的支持和保障，包括土地规划、投资体制、严格的环境保护，建立严格的农民参与机制等，为保留故乡记忆、记住我们的乡愁，留下一系列艺术博物馆、乡村技艺宾馆，产生具有独特价值的"乡愁符号"。

作为"中国民间文化遗产抢救工程"的重要项目之一，《中国历史文化名城·名镇·名村丛书》正是通过众多专家学者和民间文艺工作者们辛勤的田野调查工作，在中国民协推动的"中国传统村落立档调查工程"所积聚的海量信息基础上，从多学科、多视角来反映当下古城古镇和传统村落现状，发掘传统文化的独有魅力，进而为保护和传承优秀传统文化积累鲜活的素材，汇拢丰富的经验并寻觅科学的路径。相信这套丛书的出版将对古城古镇和传统村落的保护发挥积极作用。

2017 年 3 月

（作者系中国民间文艺家协会分党组书记、驻会副主席）

关于大理"三名"（名城·名镇·名村）保护问题（序二）

赵寅松

　　自然遗产、文化遗产都是先人留下的不可再生的宝贵资源，后代子孙与我们享有同等的权利，这就是代际公平。将这份遗产尽可能完整地留给后代，是我们这一代人义不容辞的责任。中国是世界上文明诞生最早的国家之一，有几千年的文明史。中国各族人民以高度的智慧和创造力，创造了光辉灿烂的中国文化。城镇是一个国家、一个民族从不文明走向文明的标志之一。在四大文明古国中，中国是唯一文化没有断流的国家。我国众多的名城、名镇、名村就充分说明了这一点。分布在神州大地上星罗棋布的名城、名镇、名村既是物质文化，也是非物质文化。但是，毋庸讳言，在当前现代化、城镇化的过程中，很多历史文化名城、名镇、名村遭到了严重的破坏，有不少古村落的原貌已荡然无存，即使遗留下来一少部分，也都面临文物建筑被损毁、文化遗迹被侵蚀、传统文脉被割断、文物原生态环境被瓦解或乱开发的命运，许多珍贵的历史文化遗存一去不复返。这是一个十分严峻和亟待解决的问题。为了让广大读者更多更好地了解我国"三名"——名城、名镇、名村的遗物遗址、文物古迹、风景名胜、掌故传说和时代风貌，同时更好地保护它们，中国民间文艺家协会和知识产权出版社联袂推出中国民间文化遗产抢救工程——《中国历史文化名城·名镇·名村丛书》。这是一项功在当代，利在千秋的善举，值得关注。解读大理的历史，洱海东部宾川发现的白羊村新石器遗址，是云南迄今发现最早的新石器文化遗址，距今已有四千多年。出土文物说明，白羊村遗址是一个典型的以稻作农业为主的长期定居的村落遗址。剑川海门口文化遗址出土的夏代晚期青铜器开启了云南青铜文化的先河。在此基础上，汉置郡县，魏晋南北朝时期的"白子国"，唐初合六诏（有说八诏）为一，最终形成了包括云南全省以及川黔部分地区在内的，几乎与唐宋相伴始终，绵延五百多年的南诏、大理国。南诏、大理国政权的建立，结束了云南历史上部族纷争的混乱局面，将云南历史大大向前推进了一步，对中华民族的形成和伟大祖国的统一作出了重大贡献。历史因时间而悠远，文化靠积淀才厚重。悠久的历史成就了大理众多的文物古迹。大理历史文化名城、名镇、名村很多，本次只收录了其中的一部分。它们比较集中地展示了大理历史文化的精华。大理悠久的历史，厚重的文化，与大理得天独厚的区位优势息息相关。根据学者们研究，先于西北丝绸之路两百多年，在祖国西南也有一条重要的"丝绸之路"，即"蜀身毒道"。还有经大理达西藏的"茶马古道"，从大理到安宁南下出海的"步头路"，奠定了大理滇西交通枢纽的历史地位。今天，大理同样是同时拥有民航、铁路、高速公路因而四通八达的民族自治州。便捷的交通使大理能够广泛吸纳中外文化精华，故而人文蔚起，薪火相接，代有名流；里巷传仁德之懿，父老有述古之风，享有"文献名邦"的美誉。秀美的山川、灿烂的文化与悠久的历史相得益彰，无疑是建设幸福、美丽大理的根脉，也是大理吸引中外游客纷至沓来的魅力所在。靠文化扬名，提高品位；靠文化发展，一兴百兴。在这一点上，大理的经验值得借鉴。当前，保护"三名"已进入攻坚阶段，各级政府都纷纷出台保护办法，但还不够，必须加大宣传，增强人民群众对"三名"保护意识的自觉性。历史文化是人民创造的，也要人民来保护。正因为如此，我们便自告奋勇地承担了《中国历史文化名城·名镇·名村丛书》大理白族自治州 12 卷的编撰任务。近两年来，大理白族自治州白族文化研究院联合州级文化部门，在大理州委、州人民政府的大力支持下，团结和依靠热心文化事业的有识之士，群策群力，完成了编撰任务。参加本次编撰工作的既有年过七旬的学者，也有正当盛年、承担着繁重日常工作的中青年新秀，但他们都怀着对历史负责、为子孙谋福的崇高理念，攻坚克难，争分夺秒，或多次深入所承担的地区开展田野调查，走访熟悉地方历史文化的有关人士；或沉迷于史籍档案，考稽钩沉，运用文字和照片，将各城、镇、村的山川名胜、人文历史、文物古迹、文学艺术、民风民俗、风物特产真实地记录下来，最大限度地将各地文化精华展示给广大读者。同时，各卷密切联系实际，对名城、名镇、名村的保护提出了意见和建议。雄关漫道真如铁，而今迈步从头越。历史的辉煌值得自豪，更是留给每一个当代人的一份沉甸甸的责任，守望好这片热土，再创新的辉煌，在各自不同的岗位上，作出能够告慰先人、无愧后人的业绩，应该是每一个大理人不懈的追求。相信这套丛书能在大理各族人民建设幸福、美丽大理中进一步增强民族文化自觉，留住集体的文化记忆。

中国民间
文化遗产
抢救工程
THE PROJECT TO CHINESE
FOLK CULTURAL HERITAGES
SOS

2013 年 3 月

目录

中国文化遗产的丰富性存留在古村落里，中国非物质文化遗产的精华闪烁在古村落里。中华文化的根脉深深扎在古村落里，中国文化遗产的丰富性存留在古村落里，中国非物质文化遗产的精华闪烁在古村落里，中国文化的多样性散落在古村落里，中国民间文化的独特魅力汇聚在古村落里，中国文化的多样性散落在古村落里，中国民

大理

Contents

大理

中国文化遗产的丰富性存留在古村落里，中国非物质文化遗产的精华闪烁在古村落里，中国文化的多样性散落在古村落里，中国民间文化的独特魅力汇聚在古村落里，

中华文化的根脉深深扎在古村落里。中国文化遗产的丰富性存留在古村落里，中国非物质文化遗产的精华闪烁在古村落里，中国文化的多样性散落在古村落里，中国

大
理

咏大理

贺敬之

苍山惊我如山在，
洱海赠我耳似海；
此生念念寻大理，
心泉终信万蝶来。

　　1989 年春，我陪著名诗人贺敬之、柯岩夫妇游览中国
历史文化名城——大理。同游的还有白族诗人晓雪。其间，
贺敬之同志对大理山川名胜赞不绝口。为尽地主之谊，大
理白族自治州州委、州政府为贺敬之一行接风，宾主交谈
甚欢，贺敬之同志即席赋诗一首。原诗发表于《大理日报》，
今征得作者同意，作为本书代序再发表，以飨读者。题目
为我所加。

杨亮才　谨识

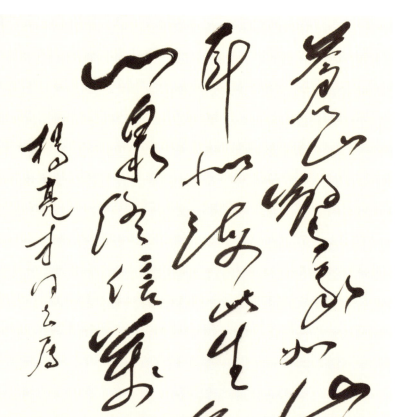

世界屋脊喜马拉雅山逶迤南下，从8844.43米到苍山降至4122米而止，让大理处于世界屋檐之下。聚三江①灵气，扼两条古道②枢纽，融八方文化精华③。

银梭岛贝丘遗址开启大理五千多年的历史篇章④，南诏、大理国铸就了大理五百余年的灿烂辉煌⑤。气势磅礴的毓秀山川，厚重绵长的历史积淀，使大理拥有太和城遗址（含南诏德化碑）、元世祖平云南碑、崇圣寺三塔、佛图寺塔、喜洲白族民居古建筑群等五项国家级文物保护单位。大理石神奇，徐霞客惊叹"画苑可废矣"⑥；山茶花雅韵，大理三千户满庭芬芳⑦。

考古证明，从五千多年前的银梭岛到南诏时期的羊苴咩城，一种带流陶器反复出现，说明白族先民河蛮主体从未离开过这片土地。

大理人不封闭、不保守，以开放包容的胸襟广纳各种文化精华为我所用。早在汉代，就有张叔、盛览⑧负笈到四川拜师司马相如习汉赋。唐朝赠《金刚经》，南诏专筑金刚城⑨珍藏；大理送《维摩诘经》⑩，宋廷失之朝而得诸野。大理人不排外、不自私，杨慎⑪一进龙尾关便心旷神怡，担当⑫才到感通寺就落地生根。洋人街装下七大洲肤色，大理城回荡五湖四海乡音。

大理人重视教育，知书明理。天宝战争中，阵亡将士尸骨被祭而葬之，带兵将领李宓至今仍安坐在"将军洞"中享受人间香火⑬；在大理，寡妇可以再嫁，招赘视同己出⑭。大理人亲仁善邻，热情好客。观音负石⑮阻兵，传承的是"兼爱非攻"的理念；南诏德化碑，表达的是"和则互利，战则

注释：
① 三江指怒江、澜沧江、金沙江。
② 两条古道指蜀身毒道和茶马古道，大理是两条古道交汇点。
③ 中原文化、巴蜀文化、氐羌文化、吐蕃文化、荆楚文化、古越文化和印度文化都在大理交汇融合，故大理被称为"亚洲文化十字路口上的古都"。
④ 材料源自银梭岛考古发掘队队长、云南省考古所闵锐教授访谈。见《大理丛书·考古文物篇》，闵锐撰文，"大理海东银梭岛贝丘遗址考古发掘情况简报"。
⑤ 先后作为南诏（738～902）、大理国（937～1253）国都的太和城、羊苴咩城都在今大理市内，此后直到元代大理一直是云南政治、经济、文化中心。
⑥ "故知造物之愈出愈奇，从此丹青一家，皆为俗笔，而画苑可废矣。"语出《徐霞客游记》，岳麓出版社1999年版，第771页。
⑦ 大理民谚："苍山十九峰，峰峰积雪；大理三千户，户户养花。"说明大理茶花栽培很普遍，实际上远不止三千户。
⑧ 冯甦《滇考》云："张叔，楪榆人，天资颖出。闻相如若水，造梁，距楪榆二百余里，负笈往从受经，归教乡里。盛览，字叔通，亦楪榆人，著《赋心》四卷。"
⑨ 天宝六年（747）十月筑太和城，因唐赐《金刚经》至，故名"金刚城"。见尤中《僰古通纪浅述校注》，云南人民出版社1989年3月第一版。
⑩ 宋代大理国文治九年（1118），大理国相国高泰明遣使钟震、黄渐进贡宋国金书《维摩诘经》一部。见李霖灿《南诏大理国新资料的综合研究》，台北故宫博物院1982年版。

俱伤"的人文关怀⑩。大理人崇尚和谐，信仰多元。在大理，各民族交错杂居，服饰相近，语言相通，团结和谐。在大理，儒、释、道、基督教、天主教、伊斯兰教民族宗教信仰共存共荣，各得其所。

苍山不攘尘土而成其高，洱海不择细流而成其博。高黎贡山雪锁冰封，挡不住河赕贾客创业足迹⑰；澜沧江奔腾咆哮，阻不断喜洲商帮赴泰走缅⑱。思贤若渴，阶下囚郑回成为三代帝师⑲；不拘一格，蜀锦娘落籍苍洱传艺⑳；兼容并蓄，南诏奉圣乐唱响长安㉑。故而大理白族民居，既具江南小桥流水特色，又显北国亮丽明快风格。

大理人才辈出，学界名流，代有传人；能工巧匠，遍布乡野。张耀曾成为中国最早的法制奠基人之一，王希季荣登"两弹一星"功勋榜；张丽珠是"试管婴儿之母"，杨丽萍《云南印象》开启了民族文化如何保护与传承的新篇章。

20世纪30年代，澳大利亚人类学家C.P.费茨杰拉德在大理一住就是三年，在深入调查研究的基础上，他写下了《五华楼》一书。他在书中写道：

古道的北面，在滇西的崇山峻岭中，有一块狭长的，富饶的稻米之乡镶嵌在苍山和洱海之间，这里就是大理民家（白族）的家。在云南，民家是人口最多，最文明开化的少数民族群体之一。

这里奉献给读者的是浓缩了大理文化、白族文化精华的中国历史文化名城——大理。

⑪杨慎，字用修，号升庵，四川新都人。嘉靖时谪戍云南永昌。博雅好古，胸藏万卷，其著作之富，为明代第一。流连苍洱胜迹，与当地文化名人杨弘山、李中溪、董西羽交往甚密，感情深厚。

⑫一名普荷，字担当。晋宁唐氏子，名泰，号大来。结庵鸡足山，后修行在感通寺，终其一生。

⑬《南诏德化碑》记载：阁罗凤在取胜后说："生虽祸之始，死乃怨之终，岂顾前非，而忘大礼。"遂收亡将等尸，祭而葬之，以存恩旧。带兵将领李宓，至今在"将军洞"享受下关城乡人民自发祭祀。

⑭在白族地区寡妇再嫁不受社会歧视，招姑爷现象也很普遍，姑爷享有财产继承等与儿子同等权利。

⑮相传远古时，外敌入侵大理，观音化一老妪，背着硕大无比巨石，吓退来敌，避免了一场战争。当地百姓在观音塘建"大石庵"纪念。

⑯《南诏德化碑》记载，阁罗凤认为"小能胜大，祸之胎；亲仁善邻，国之宝"，并将这一理念作为处理内政外交的基本国策。

⑰《蛮书》记载，河赕贾客西出经商，当时歌谣唱道："冬时欲归来，高黎共上雪。秋夏欲归来，无那穹赕热。春时欲归来，囊中络赂绝（络赂，财之名也）。"

⑱赵勤，"喜洲商帮的形成和作用"，载《白族文化研究》2005，民族出版社2004年12月版。

⑲郑回，相州（今河南安阳）人，任西泸令时为阁罗凤所俘。阁罗凤重其学识，赐名蛮利，使教王室子弟读书，其子凤伽异、孙异牟寻、曾孙寻梦凑皆其生徒。异牟寻继位，授予清平官（宰相），位在六位清平官之上，死后被奉为本主。

⑳《通鉴》记载：南诏出兵成都，"乃大掠子女百工数万人"，"南诏自是工文织，与中国埒"。

㉑后晋刘昫等撰《旧唐书本纪云南事迹》载："……十六年（793）春正月乙巳……南诏献《奉圣乐舞曲》，上阅于麟德殿前。"演出轰动长安，列为唐朝十四乐谱之一。见《新唐书·礼乐志》。

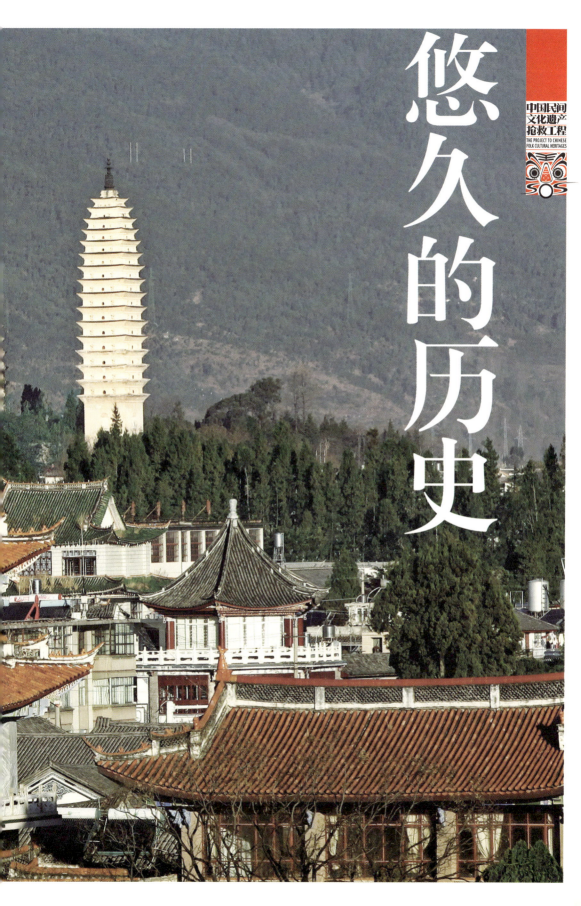

悠久的历史

中国民间
文化遗产
抢救工程
THE PROJECT TO CHINESE
FOLK CULTURAL HERITAGES
SOS

大理是祖国西南边陲开发较早的地区之一。据考证，远在五千多年前，大理地区就有人类居住。自20世纪30年代以来，在以洱海为中心的二百多公里范围内，已经发现或发掘出新石器、金石和青铜器遗址近百处，其中以宾川白羊村文化遗址、大理佛顶、马龙文化遗址、剑川海门口文化遗址、祥云大波那文化遗址等最为典型。这些文化遗存表明，在很早以前，大理各族先民就已在以洱海为中心的这片辽阔的土地上繁衍生息，他们一步步从新石器时代走向铜石并用时代，再走向青铜时代，他们通过自己的智慧和辛勤劳动，共同创造了大理的历史和文化，创造了洱海文明。

西汉元封二年（前109），汉武帝发巴蜀兵征云南，滇王投降，汉武帝以其故地置益州郡，下辖24县，其中楪榆县就是今天的大理，县治在今大理市喜洲镇境内。

东汉时期，为了加强对洱海地区的统治，东汉王朝将益州郡中的不韦（今施甸）、嶲唐（今云龙西南）、比苏（今云龙）、楪榆（今大理）、邪龙（今巍山）、云南（今祥云）划出，加上新设置的哀牢（今腾冲）、博南（今永平）二县，置永昌郡，治所在不韦（今保山东北）。永昌郡地域广大，史称"东西三千里，南北四千六百里"。它除包括今天的整个大理白族自治州外，还包括保山、德宏、西双版纳和临沧的部分地区。

三国时期，诸葛亮平定南中（即今云南、贵州一带，史称南中），进一步推行郡县制。建兴三年（225），从益州郡中划出弄栋（今姚安），从永昌郡中划出楪榆、邪龙、云南三县，从越嶲郡中划出遂久（今丽江）、姑复（今永胜）、青蛉（今大姚）三县，合七县设立新郡——云南（今祥云县境）。

唐宋时期是大理历史发展的重要阶段，南诏国、大长和国、大天兴国、大义宁国、大理国历时515年，以大理为舞台，上演了一幕幕改朝换代的历史剧。此间，大理地区的居民被称为"西洱河蛮"或"河蛮"，他们在洱海西岸建立了大釐、大和等城堡。大釐在今喜洲镇。大和城又叫太和城，位置在今大理市太和村西，至今尚存南北两道城墙，从公元739年皮逻阁从南诏发祥地——巍山迁居太和城起，到公元779年异牟寻迁都羊苴咩城，一直是南诏王都。今天的大理古城当时叫羊苴咩城，从公元779年开始一直作为南诏国、大长和国、大天兴国、大义宁国、大理国的国都。

元宪宗三年（1253），元世祖忽必烈率十万大军，分三路进攻大理，忽必烈亲率中军，"革囊渡江"，攻破大理，国相高祥被杀，国王段兴智逃至押赤城（今昆明）。翌年（1254），城破，

洱海贝丘遗址

段兴智被俘,大理国遂亡。六年(1256),元宪宗蒙哥赦免大理国王段兴智,封他为"摩诃罗嵯"(大王),并授予管理大理各部的权力,俗称大理总管。终元之世,段氏世袭大理总管,传11世。

明洪武十四年(1381),朱元璋以傅友德为统帅,蓝玉、沐英为副,调集三十万大军征讨云南,很快攻占昆明、大理。梁王自杀,大理总管段明兄弟被俘。明军攻下大理后,实行改土归流,废除世袭土官,改路为府,并在今大理古城位置上修筑了方围十二里、城墙高二丈五尺、厚二丈,共有四座城门楼和四座角楼的大理府城。

清顺治十六年(1659),清军兵不血刃,进入昆明。清军占领云南后,仍沿用明朝建制,大理地区分属大理府、丽江府、永昌府和蒙化厅。大理府城为迤西道治所、云南提督驻地。

清咸丰六年(1856),在滇西爆发了以回族杜文秀为首的各民族起义。起义军很快攻占了大理。杜文秀做了总统兵马大元帅,在大理建立了元帅府,势力扩大到了滇中、滇西五十多个县,大理政权存在达18年之久。

中华人民共和国成立后,白族成为不同时期不同称谓的白族先民们的共同名字。1956年,大理白族自治州成立,开启了白族历史的新篇章。

鹤拓大理传说

明人谢肇淛在其《滇略》一书中记载了这样一个传说。

远古时候的大理是一片茫茫无边的泽国，地上缺少人烟。一位老僧施法将水泄了，但人们还是不敢进入，这时有一对仙鹤从天边飞来，引导人们进入苍洱之间。在仙鹤的帮助下，人们才找到大理这块人间福地落地生根，所以人们把新开辟的家园叫做"鹤拓"。今天，大理城外双鹤桥名称的由来，相传就与这一传说有关。

据史籍记载，大理本是白族先民河蛮的故土，南诏从太和城迁都后，定都羊苴咩城（今大理古城附近）。段思平建国后，以"大理"为国名。此后，大理地区一直被冠之以"大理"之名。元灭大理国立大理路，明清设大理府，新中国成立后又设大理白族自治州，首府设在大理市。今天的大理古城经历了从"羊苴咩"再到"大理"的变化过程。

1

2

1. 马龙文化遗址
2. 佛顶文化遗址

汉习楼船典故

在昆明大观楼，有一幅被誉为"天下第一长联"的大观楼长联，下联中有"汉习楼船、唐标铁柱、宋挥玉斧、元跨革囊"等有关云南历史的四个典故，都与大理有关。

"汉习楼船"在《史记》、《汉书》中均有记载。西汉在汉武帝统治时期国力最为强盛，雄才大略的汉武帝决心打通西南夷。他先后多次派使者出使西南夷，意欲打通通往今印度的通道，却都受阻于洱海地区的昆明国。使者将情况回报汉武帝，并指出昆明国有一个大湖——昆明池，所以汉武帝在长安掘昆明池以练水军，准备以武力征讨，后来也确实这样做了，也才有了益州郡的设置，从此大理地区才纳入了汉朝版图并长期稳定下来。

"汉习楼船"是对汉武帝开发西南夷置郡县这一重要历史事件的高度概括。根据方国瑜等学者的研究，当时的昆明国在洱海地区，汉使受阻于此，看到的理应是洱海，故"昆明池"并非滇池，是现在的洱海。

中国名城·云南大理

1 | 2

1. 陶水田模型（东汉）
2. 陶楼（东汉）

南诏大理国都

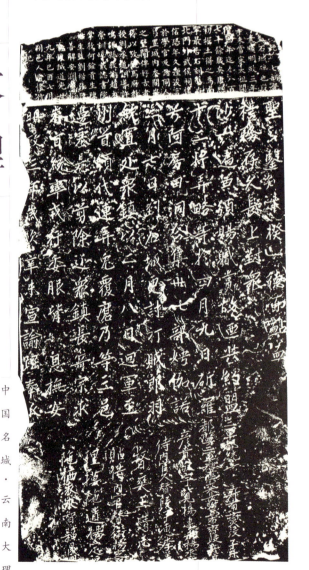

隋末唐初，天下大乱，云南大部分部落支离，各据一方。此时洱海地区有蒙嶲诏（今漾濞）、邓赕诏（今洱源邓川）、浪穹诏（今洱源）、施浪诏（今洱源东北）、越析诏（今宾川）、蒙舍诏（今巍山）先后崛起，史称"六诏"。蒙舍诏因地处诸诏之南，又称南诏。唐开元二十五年（737），南诏在唐王朝的支持下，征服了其他五诏，统一了洱海地区，建立了南诏国。先建都太和城（今大理太和村），后迁都羊苴咩城（今大理古城）。南诏共传13代王，历时165年。

乾宁四年（897）权臣郑买嗣杀死南诏王隆舜，五年后又杀隆舜子舜化贞及南诏王室八百人于五华楼下，夺取了南诏政权，建立了大长和国。天成二年（927），权臣杨干贞又杀死郑买嗣之孙郑隆亶，灭大长和国，立赵善政为王，建立大天兴国。十个月后，杨干贞又废赵善政，自立为王，改国号为大义宁国。

后晋天福二年（937），"白蛮"段思平联合滇东"三十七部蛮"进军大理，推翻了大义宁国，建立了大理国，定都羊苴咩城。大理国共传22代，历时316年。

从737年南诏国建立到1253年大理国为蒙古所灭，大理作为国都存在了515年。其间，大理一直作为云南政治、经济、文化中心，直到1276年，元朝设立云南行省，云南的行政中心才由大理迁至今天的昆明。

中
国
名
城
·
云
南
大
理

建于洪武年间的大理古城

中国名城·云南大理

中
国
名
城
·
云
南
大
理

茶马古道枢纽

大理一向被称为"亚洲文化十字路口的古都"。所谓十字路口，是说著名的"南方丝绸之路"与"茶马古道"在这里交汇，使大理成为连接东亚、南亚的重要交通枢纽。"南方丝绸之路"，又称"蜀身毒道"，是一条从四川经大理通往印度及中亚的民间商道。从成都到大理的路线实际上有两条。一条称灵关道，也称西路，是从成都经雅安、西昌、盐源、会理、大姚到大理；一条称五尺道，也称东路，是从成都经乐山、宜宾、昭通、曲靖、昆明、楚雄到大理。而从大理经永平、保山、腾冲到缅甸、印度一段称博南道。大理刚好在灵关道、五尺道和博南道的交汇点上。

所谓茶马古道，是滇川藏进行商业贸易和文化交流的通道。它是以大理为中心往东经楚雄到昆明，再到内地；往南经巍山到茶叶主产区云县、凤庆及普洱、思茅等地；往西经保山到缅甸，再到东南亚诸国；往北经丽江、中甸到西藏，再到印度、不丹、尼泊尔诸国。在这条古道上，大理各族先民们早在两千年前就已做着马匹、盐巴、茶叶、药材和皮毛的生意了。

今天，沿着昔日两条古道的走向，已经建成和正在建设的楚大高速、大保高速、广大铁路、大丽铁路、大丽高速、大瑞铁路，加上大理飞机场通航线路的不断增加，使大理的区位优势更加突显。

1
　2

1. 骡马市场
2. 古道

中
国
名
城
·
云
南
·
大
理

中 国 名 城 · 云 南 大 理

五朵金花故乡

20世纪50年代，一部叫《五朵金花》的电影让大理、白族走向世界，让世界了解大理的秀美山川及友善的白族人民。半个多世纪过去了，《五朵金花》仍然是人们百看不厌的经典电影之一，"金花"也成了美丽少女的代名词。

艺术的魅力源于生活的真实。大理的确是山美、水美、人美的好地方。生活在苍洱怀抱里的白族，自古就有植树种花的优良传统，无论是家道殷实的深宅大院，或是家境贫困的寻常百姓，都喜欢在庭院中砌上花台，种上石榴、香橼、佛手柑之类果木；或摆上几盆鲜花，以茶花、兰花、杜鹃花最受青睐。可谓家家流水，户户养花。爱花成癖让白族人干脆以花入名。在白族地区，金花、银花、桂花、菊花的名字随处可见。

今天，当年的社长金花、拖拉机手金花的儿女们不少已经成长为省部级干部、教授、博士、科学家，她们正在沿着先辈的足迹用自己勤劳的双手创造着美好的生活。

1　2

1. 金花
2. 五朵金花雕像

中国名城·云南大理

中
国
名
城
·
云
南
大
理

秀美的山川

中国民间
文化遗产
抢救工程
THE PROJECT TO CHINESE
FOLK CULTURAL HERITAGES
SOS

大理因其集优美的自然风光、悠久的历史文化、浓郁的民族风情于一身而让人心驰神往。据统计，仅在今天大理市辖区内，具有旅游价值的自然景观和人文景观就有一百五十余处。由于大理地区悠久的历史和众多的文物古迹，1982年3月大理被国务院公布为全国第一批24个历史文化名城之一。同年12月，大理又被国务院公布为第一批44个重点风景名胜区之一。像这样集全国历史文化名城、全国风景名胜区和国家级自然保护区为一身，在全国也属罕见。这是大自然对生活在这片热土上的各族人民的厚爱和先人们披荆斩棘创业的硕果，我们责无旁贷地应该给予珍视和保护。

　　《滇史》载："苍洱之境，障峦万叠，载雪腰云，如屏列十九，曲崎于后者，点苍山也。波涛万顷，横练蓄黛，如月生五日，楪榆水也。"苍山洱海的交相辉映，形成了"晓色画屏"、"苍山春雪"、"云横玉带"、"凤眼生辉"、"碧水叠潭"、"玉局浮云"、"溪瀑丸石"、"金霞夕照"的苍山八景和"山海大观"、"三岛烟云"、"海镜开关"、"岚霭普陀"、"沧波渔舟"、"四阁风涛"、"海水秋色"、"洱海映月"的洱海八景。

苍山春雪

云横玉带

碧波泛舟

大理自然与文化的无穷魅力，让许多旅居大理的名人雅士赞不绝口。明代四川新都状元杨慎（升庵）谪居大理后，由衷感叹：

余自为僇人，所历道途，万有余里，齐、鲁、楚、越之间，号称名山水者，无不游已。乃泛洞庭，越衡庐，出夜郎，道碧鸡而西也，其余山水，盖饫而厌见矣。乃至榆（大理）之境，一望点苍，不觉神爽飞越。比入龙尾关，且行且玩，山则苍笼叠翠，海则半月拖蓝，城郭奠山海之间，楼阁出烟云之上，香风满道，芳气袭人。余时如醉而醒，如梦而觉，如久卧而起作，然后知吾向者未尝见山水，而见自今始。

澳大利亚人类学家 C.P. 费茨杰拉德在他的《五华楼》一书中是这样描写大理自然景色的：

大理背靠苍山，苍山为其提供了源源不竭的水源。无数山涧溪水顺流而下，通过城墙下面的水道引入城内，顺着路两边的水道由西向东穿城而走。它们推动水车，用来洗衣服，灌溉农田，但饮水从城里到处都是的井里汲取。在城内的东半部，涓涓溪水，杨柳垂荫，竹林成群，农舍掩映在绿树之间，来访者会惊奇地发现自己身处城内却有如此怡人的田园风光。从苍山的高处俯视大理，这里更像一座披着绿色外衣、长墙围绕的花园，一座四处翠绿、稻香浓浓的田野花园。

今天，随着城镇化、现代化的快速推进，大理也和全国其他历史文化名城一样，在商品经济的冲击下，许多昔日的风光已无法再现，我们只能从古人优美的文字中去寻觅到当年的苍洱秀色。

中国名城·云南大理

风花雪月之城

　　风花雪月是大理的名片。风花雪月原是曲牌名称，但把它用在大理的生态环境上，是再合适不过了。所谓风即下关风，花即上关花，雪即苍山雪，月即洱海月。当地民谣云："身披下关风，脚踏苍山雪，早看上关花，晚观洱海月。"下关风猛如虎。它从苍山与哀牢山之间呼啸而来，至下关天生桥峡谷口，风势便由下往上蹿，出现了一些奇异的自然景象。下关一年四季风吹不断，故有风城之名。上关花是指上关有棵奇树——十里香树，花大如莲，其果黑而坚硬，可作朝珠，故又名朝珠树。《大理府志》载："花树高六丈，其质似桂，其花白，每朵十二瓣，应十二月，逢闰年则多瓣，俗以神仙遗种。"今此花已不见，但上关花的传说却一直流传下来。苍山，即点苍山，苍山雪是指苍山顶上一年四季

不化的积雪。洱海，又名昆明池，古称榆泽，因湖状如耳，故名洱海。每逢农历十五之夜，泛舟洱海，仿佛见到洱海月在上空，天上月掉进海中。苍洱风光，千变万化，构成了下关风大、上关花艳、苍山雪莹、洱海月明的四大奇景。著名作家曹靖华赋诗："下关风、上关花，下关风吹上关花；苍山雪、洱海月，苍山雪照洱海月。"风趣生动，让人玩味无穷。千百年来，当地人更用一首谜语诗"虫入凤窝不见鸟（风），七人头上长青草（花），细雨下在横山上（雪），半个朋友不见了（月）"来暗喻风花雪月，从而使风花雪月成为妇孺皆知的大理四景。今天，由于全球气候变暖，明代白族作家董难笔下的"极目望点苍，芙蓉有天阙。下有百尺松，上有千年雪"的美景已经难觅。下关鳞次栉比的高楼大厦让下关风渐次失去了往日的威风。但苍山依旧绿，洱海依旧清，皓月依旧明，金花更艳丽。风花雪月所寓意的苍山、洱海、古城、白族依旧让人流连忘返。

大理好就好在山水相依。在我国所有的高原城市中，恐怕也没有能与大理相比的了。在这里山和水都凸显了它们的极致，互相依偎，互相衬托。可以这么设想，如果大理只有山而没有水，那么无论苍山怎么高峻，他也如同一位单身的俊男，虽俊但未免感到寂寞；如果大理只有水而没有山，那么尽管洱海多么清蓝，她也只像一位单身的美女，虽美但毕竟感觉孤单。然早在明代，人文地理学家王士性就在其《广志绎》一书中记道："乐土以居，佳山水以游，二者尝不能兼，惟大理得之。"

大理，一幅美丽的山水画！

大理，一首动人的抒情诗！

大理，一部厚重的历史书！

	2
	3
1	4
	5

1. 大理古城
2. 大理古城四门之东门
3. 大理古城四门之南门
4. 大理古城四门之西门
5. 大理古城四门之北门

苍山

苍山，又名点苍山，白语叫"极造色"，汉意为"老熊出没的地方"。

百里点苍，北起洱源县邓川云弄峰，由北向南，依次为沧浪峰、五台峰、莲花峰、白云峰、鹤顶峰、三阳峰、兰峰、雪人峰、应乐峰、小岑峰、中和峰、龙泉峰、玉局峰、马龙峰、圣应峰、佛顶峰、马耳峰，止于下关的斜阳峰。

苍山峰麓

苍山十九峰两峰夹一溪，由北向南依次为霞移溪、万花溪、阳溪、茫涌溪、锦溪、灵泉溪、白石溪、双鸳溪、隐先溪、梅溪、桃溪、中溪、绿玉溪、龙溪、青碧溪、莫残溪、葶蓂溪、阳南溪。十八溪终年不竭，将苍山雪水由西向东注入碧波荡漾的洱海，形成"水绕青山山绕城，由来人杰地应灵。水光万顷开天镜，山色四时环翠屏"的天然美景。

秀美的山川 **42**

南诏曾将苍山封为大理地区五岳四渎中的中岳，可见苍山在人们心目中的地位。

今天，随着国家地质公园的成功申报和苍山保护管理条例的实施，苍山得到前所未有的有效保护。苍山也不断将自己雄奇险秀的美好形象奉献给海内外嘉宾。目前，有三条索道可达清碧溪、中和寺、洗马潭。沿着萦绕在苍山半山腰的玉带云用石板铺就的"玉带路"，经常游人如织，成为苍山的一大奇观。

1	
2	3

1. 苍洱风光
2. 洱海鱼鹰
3. 苍山大峡谷

中
国
名
城
·
云
南
大
理

洱海

洱海位于苍山东麓,白语叫"耳稿",汉意为"下面的海"。亦有史书说因其湖形如耳,故名。汉代在今大理故地设楪榆县,洱海又称楪榆泽。南北长约 40 千米,东西平均宽 7～8 千米,湖水面积约 246 平方千米,蓄水量约 29.5 亿立方米。洱海地区气候温和,年平均气温 15.7℃,最高气温为 34℃,最低气温为 −2.3℃,湖水不结冰。

洱海鱼类资源丰富,有弓鱼、鲫鱼、鲤鱼和细鳞鱼,其中弓鱼最为有名,在当地有鱼魁之称。湖产龙爪菜是白族人民喜爱的传统菜,海水煮海鱼更是白族人民百吃不厌的佳肴。

洱海西面有点苍山横列如屏,东面有玉案山环绕衬托,空间环境极为优美,素有"银苍玉洱"、"高原明珠"之美誉。洱海气候温和湿润,风光绮丽,景色宜人。巡游洱海,岛屿、岩穴、湖沼、沙洲、林木、村舍,各具风采,令人赏心悦目。

洱海在城镇化、现代化的进程中,由于处于发展中的

大理市中间,环境保护形势十分严峻。在各级政府的大力倡导下,尤其是洱海周边白族群众自古以来就有敬畏自然,呵护自然的优良传统,自觉参与洱海保护,使得洱海成了云南九大高原湖泊中保护得最好的湖泊之一。

$1\dfrac{2}{3}$

1.洱海渔船
2.洱海晨渔
3.洱海小普陀

蝴蝶泉

《五朵金花》中一曲《蝴蝶泉边》让大理蝴蝶泉声名远播。

蝴蝶泉位于苍山最北峰云弄峰下，南距大理古城 27 公里。蝴蝶泉面积 50 多平方米，为方形泉潭。泉水清澈如镜，由泉底冒出，泉边绿荫如盖，一棵苍劲的名叫"夜合欢"、又名"蝴蝶树"的古树，横卧泉上。每年春夏之交，特别是 4 月 15 日，蝴蝶树的芬芳会引来大批蝴蝶聚于泉边，满天飞舞。最奇的是万千彩蝶，交尾相随，倒挂蝴蝶树上，形成无数串，垂及水面，蔚为壮观。蝴蝶泉奇景古已有之，明代徐霞客笔下有生动的描写："泉上大树，当四月初即发

花如蛱蝶，须翅栩然，与生蝶无异。还有真蝶万千，连须钩足，自树巅倒悬而下及泉面，缤纷络绎，五色焕然。游人俱以此月群而观之，过五月乃已。"郭沫若1961年游览时，手书"蝴蝶泉"三个大字，刻于泉边的坊石之上，同时写下"蝴蝶泉头蝴蝶树，蝴蝶飞来万千数，首尾联接数公尺，自树下垂疑花序"的诗句。近年来，蝴蝶泉公园经过修整与扩建，修有蝴蝶楼、六角亭、大月牙池、蝴蝶标本馆、望海楼和徐霞客雕像等。

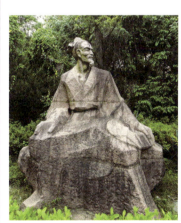

1 | 2
. | 3

1. 蝴蝶泉石牌坊
2. 蝴蝶泉
3. 徐霞客塑像

蝴蝶泉的形成与这一带的环境条件有关。该泉西靠苍山，东临洱海。苍山顶常年积雪，洱海碧波荡漾，风光绮丽，花枝不断，四时如春，非常适宜蝴蝶生活。蝴蝶泉处于洱海大断裂的北东盘，该盘在地下水溶蚀作用下，形成了众多的落水洞和溶洞，受大气降水和地表水补给，形成了岩溶含水层，溢出地表后形成蝴蝶泉。

中 国 名 城 · 云 南 大 理

清碧溪

苍山十八溪之一，又名翠盆水，隐藏在苍山马龙峰与圣应峰之间幽深的峡谷中。从大理古城南七里桥的圣麓公园沿溪而上，只见乱石垒垒，塞满河床。小路左旋右转，终与小溪一道进入山谷深处。沿路岩石陡峭，深壑绿树，泉响鸟鸣，野花探头；小溪奔泻，因地成形，或如白练飞瀑，或如明镜镶嵌，或如一弯新月，姿态万千。穿峡进谷之后，一股清泉从几丈高的悬崖峭壁上飞泻而下，依次形成上、中、下三潭，这就是闻名遐迩的清碧溪。

杨慎在《游点苍山记》一文中记述说："西南有一溪，叠愕承流，水色莹澈，其中石子粼粼，青碧璀璨，宛如宝玉之丽，其名曰清碧溪。"明代大理著名文人李元阳在《清

碧溪三潭记》中也作了真切的描述："源出山下石间，涌沸为潭，深丈许，明莹不可藏针。小石布底累累，如卵如珠，青绿白黑，丽于宝石，错如霞绮。"明代大旅行家和地理学家徐霞客考察过清碧溪后，在游记中则称清碧溪："其色纯绿，漾光浮黛，照耀崖谷，午日射其中，金碧交荡，光怪得未曾有。"

　　游览清碧溪，一般是先游下潭和中潭，次游上潭。清碧溪下潭，前有山溪飞瀑跌下，积蓄而成半圆形的小潭，方圆约五六米，池水深碧，色如翡翠，漾光浮黛，照耀岩谷，

中国名城·云南大理

中
国
名
城
·
云
南
大
理

日射其中金碧交荡，令人目眩神驰。从这里往上攀十余丈，经过长满青苔、滑腻如冰的一段小路，至中潭。此潭圆如巨盆，上端溪水徐徐注入，下端盈盈而出至此，山路断绝。欲览上潭，须转从马龙峰攀登而上。只见山泉从石间涌沸而出，汇为一个水晶般透明的小圆池，潭底布满各种颜色的小石子，水深丈许，却明莹见底；潭周石壁环窝，洁净如拭。当年画家徐悲鸿到这里，曾题联云："乞食妙香国，销魂清碧溪。"足见清碧溪三潭在他的内心深处激起的波澜。

　　清碧溪出峡谷流入洱海，沿途滋润着山下的千亩良田，当地人民亲切地称它为"德溪"。

天生桥

天生桥位于大理市区（下关）西南，横跨于洱海出口处的西洱河上，是沟通南北哀牢山系与点苍山的天然通道，同时是洱海水流入澜沧江的天然孔道。该桥高 11.5 米，长 6.5 米，宽 1.6～2.5 米。它以奇特、雄伟而驰名，是滇西旅游胜景之一。过去洱海水来到此处，争相从天生桥桥洞中涌出，云涛雪浪极为壮观。赵州（今凤仪）人尹萧怡有《江风寺不谢梅》描述天生桥的壮观景色，读来依然让人浮想联翩：

鲛宫擎出梅千干，龙女散花何历乱。

此水直成香雪海，横斜冰姿夹长岸。

我来偶疑山坳立，仰视飞虹落天半。

俯窥清流花怒生，疑是溪边梅可玩。

天生桥

哪知终古直如斯，天花曾无寒暑换。

碎溅琼花千万朵，高处随波低拂浪。

是花是浪茫无分，其中只输香一段。

扶筇重与转山坳，山梅此处也绚烂。

安得同携孟山人，山花合并水花看。

如今因西洱河电站建起拦水坝，"不谢梅"已不复存在，昔日的美景只能留在人们的记忆中。

天生桥上建有江风寺，相传是白狐仙子在这里打碎过风瓶，因而风大。其实，这是天生桥的地理环境形成的结果。苍山和哀牢山系挡住了西南气流，天生桥的狭长山谷成了下关风的主要通道，所以一年四季狂风不断。

江风寺

洗马潭

洗马潭位于苍山玉局峰与龙泉峰的交接处，海拔 3920 米，面积约 4500 平方米，潭深约 1.5 米，被称为"山巅之湖"。属第四纪大理小冰期高山冰碛湖。据李元阳《点苍山志》记：《续汉书》邪龙云南条《注》："山如扶风、太乙之状，上有冯河，周围万步，五月积雪浩然。"冯河指的就是洗马潭，传说这里是观音放养黑龙的地方，黑龙春夏居住于下关以西的温泉，秋冬栖息于洗马潭，所以洗马潭又有"龙池"之称。据传说，其水呈黑色，与黑龙居此有关。然而仔细观察，洗马潭潭底和四周由很薄的青黑色石板铺砌而成，水清如泚，就将水底下的石块呈现出来，成为黑色。洗马潭古称"高河"，南诏丰佑年间，南诏王派遣军将晟君，在这里建此高山水库，导山泉灌溉农田，这在当时是一项了不起的水利工程。每当春夏之交，洗马潭一带杜鹃花盛开，湖边五彩缤纷，灿若云霞。相传，元世祖忽必烈征大理时，率兵翻越苍山，曾在这里驻扎洗马，洗马潭因此而得名。

中国名成·云南大理

中
国
名
城
·
云
南
大
理

金梭岛和银梭岛

金梭岛位于大理市洱海东南海域，由金梭岛、银梭岛组成，该岛四面环水，东对塔村，西对大理镇龙龛村，北对玉案山罗荃寺，距离下关水路6海里。1985年大理市人民政府公布该岛为首批重点文物保护单位。

金梭岛总面积为1071亩，平均高出海面76米，东西平均宽200米，南北长100米。这里史前就有人类生息活动，该岛经多次考古发掘，先后出土新石器时代的石器、陶器、青铜器、汉代墓砖、南诏有字瓦和几何纹砖等，为研究洱海地区文化，南诏、大理国历史提供了宝贵的实物资料。

银梭岛位于金梭岛南约一千米，原该岛四面环水，现因洱海水位下降，东南部海底已露出水面成为低洼陆地，东面是云南省目前已发掘的最早的新石器时代遗址——银梭岛贝丘遗址。该遗址的发掘证明，早在五千年前，洱海周围就有人类活动。2007年，该遗址发掘入选中国十大考古发掘之一。

2
1   3

1. 金梭岛
2. 风情岛上出土陶范
（战国—西汉）
3. 风情岛

中国名城·云南大理

风情岛

　　南诏风情岛原名玉几岛，是洱海三岛之一，位于洱海东北部的双廊村对面。该岛四面环水，岛上风光旖旎，海天一色，风月无边；千年古榕枝繁叶茂，幽穴古洞盘曲交错；岛屿四围水青沙白，苍洱百里壮景尽收眼底。风情岛是洱海上重要的文化遗址，延续了新石器时期、青铜文化和铁器文化等各个时期的文化堆积。在新建南诏风情岛前，大理白族自治州文物管理所对其进行了抢救性考古发掘，出土了极富洱海区域文化特征的典型器物，有陶器、青铜、铁器等，其中锄、剑、矛等的陶范，说明青铜时代，洱海区域就已经掌握了高超的铸造工艺。新建的南诏风情岛上有沙壹母群雕码头、海景别墅、云南福星——阿嵯耶观音广场、南诏避暑行宫、白族本主文化艺术广场、海滩综合游乐园、太湖石景群落及渔家傲别景等八大景观，与别具特色的园林艺术融为一体，充分展示了南诏文化艺术的博大精深与迷人魅力。

中 国 名 城 · 云 南 大 理

小普陀

小普陀是景点名，位于大理市挖色乡海印村西的洱海中，距海印村130米，俗称观音阁，相传观音开辟大理坝子时，在海面丢下一颗镇海大印，以镇风浪，保护渔民，因此，渔民们在小岛上建观音阁，纪念观音，并把小岛东部的一个渔村取名海印村。小普陀是石灰岩构成的小岛，四面环水，面积约六百平方米，岛上岩石错落，石穴岩缝中生长着枝干苍劲的树木。观音阁就建在小岛之上，其始建于明崇祯年间，清咸丰十年（1860）重建。民国六年（1917）重修，

小普陀

到 20 世纪 60 年代破损严重，后又进行了重修。现存建筑为方形重檐歇山顶楼阁式建筑，建筑坐西向东，为三开间，下层明间宽 3.2 米，次间 1.6 米，进深尺寸与两阔相等，上层四面开窗；富有白族建筑艺术风格，具有较高的建筑艺术和文物价值。一层塑有如来佛像，二层供奉观音。

1992 年，大理市人民政府公布为第二批重点文物保护单位。

云映小普陀

秀美的山川 62

中国名城·云南大理

中国民间
文化遗产
抢救工程
THE PROJECT TO CHINESE
FOLK CULTURAL HERITAGES
SOS

古迹荟萃

中国民间
文化遗产
抢救工程
THE PROJECT TO CHINESE
FOLK CULTURAL HERITAGES
SOS

大理文物古迹众多。据统计，大理市经各级政府列为重点文物保护单位的多达 66 处，其中仅国家级重点文物保护单位就有 7 处，分别是大理崇圣寺三塔、太和城遗址（含南诏德化碑）、元世祖平云南碑、喜洲白族民居建筑群、银梭岛遗址、弘圣寺塔；省级重点文物保护单位则多达 15 处；州级 4 处；市级 40 处。一个边疆县级市拥有如此丰富的历史文化遗迹，并不多见，这说明大理作为首批 24 个国家级历史文化名城是顺理成章的。

崇圣寺三塔

1 | 3
2

1. 崇圣寺千寻塔出土的大鹏金翅鸟（宋代）

2. 崇圣寺千寻塔出土的银背光金阿嵯耶观音立像（宋代）

3. 崇圣寺三塔（唐—宋）

崇圣寺三塔先后建于唐宋时期，在大理城西三华里处。寺早已成为废墟。但寺内三塔仍巍然屹立。三塔，由一大塔二小塔组成。大塔叫千寻塔。千寻塔与南北两个小塔的距离都是 70 米，呈三足鼎立之势。千寻塔高是 69.13 米，为方形密檐式空心砖塔，一共有 16 级，属于典型的唐代建筑风格。塔身内壁垂直贯通上下，设有木质楼梯，可以登上塔顶从瞭望小孔中欣赏大理古城的全貌。千寻塔是中国现存座塔最高者之一，与西安大、小雁塔同是唐代的典型建筑，造型上也与西安小雁塔相似。塔顶有金属塔刹宝盖、宝顶和金鸡等。塔的基座呈方形，分三层，下层边长为 33.5 米，四周有石栏，栏的四角柱头雕有石狮；上层边长 21 米，其东面正中有石照壁，上有"永镇山川"四个大字，为沐英后裔孙世阶所书，每字 1.7 米见方，笔力雄浑苍劲，气势磅礴。塔下仰望，只见塔矗云端，云移塔驻，似有倾倒之势。

三塔中的南、北二小塔在主塔之西，与主塔等距 70 米，南北对峙，相距 97.5 米，均为五代时期大理国所建造。两塔形制一样，均为 10 层，高 42.4 米，为八角形密檐式空心砖塔，外观装饰成阁楼式，每角有柱，每级设平座，第四、六级有斗拱，顶端有鎏金塔刹宝顶，华丽非常。每层出檐，角往上翘，不用梁柱斗拱。塔通体抹石炭，好似玉柱擎天。大理多次地震，都没有把塔震倒。

中国名城·云南大理

太和城和德化碑

南诏太和城位于大理古城南 7.5 公里、苍山佛顶峰麓。太和城原为河蛮城邑，城内还建过小城金刚城及南诏避暑宫。立有南诏德化碑，碑阴题名 41 行，是研究南诏历史文化的重要资料，1961 年 3 月 4 日被国务院公布为第一批全国重点文物保护单位。

早在南诏初期，苍洱地区的社会经济发展已经为南诏定都创造了条件。737 年，皮逻阁从巍山进驻苍洱腹地。739 年，皮逻阁将南诏的统治中心从巍山正式迁到太和城。以太和城为起点，皮逻阁、阁罗凤父子开始了开疆拓土的

1 | 2

1. 南诏德化碑
2. 南诏德化碑局部

创业历程，一步步将原来偏处滇西一隅的南诏疆域不断扩大，控制了今云南全境、贵州、四川的部分地区以及怒江和伊洛瓦底江上游地区。唐王朝也由当初扶持南诏转变为遏制南诏，最后终于演变为"天宝战争"。

766年，南诏第五代王阁罗凤在取得对唐战争胜利后隆重地将一块高3.97米、宽2.27米、厚0.5米，字数达3800余字的大石碑立在太和城"国门"之外。碑文除盛赞阁罗凤文治武功外，还表达了有朝一日如果唐朝使节到来，南诏可以指碑为证，南诏"世世事唐"之心没有改变，集中表现出这位南诏王的政治智慧。元朝以后，当年的大碑才

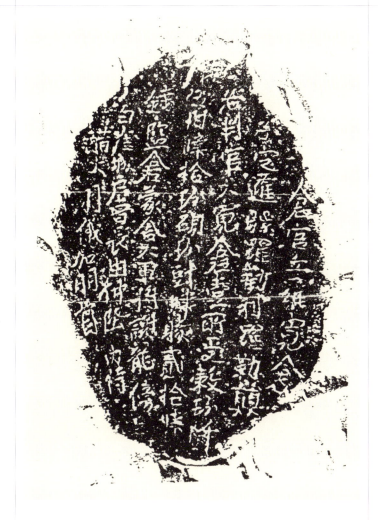

被称为"南诏德化碑",其中含义令人玩味。但它所诠释的
各民族"和则互利,战则俱伤"的千年古训无疑是正确的。

从739年皮逻阁定都太和城到780年异牟寻迁都羊苴
咩城,太和城作为南诏国都的历史有41年,为后来南诏政
治经济文化的大发展奠定了基础。

1｜2

1.太和城遗址出土的南诏仓储碑
（唐代）
2.南诏仓储碑拓片

中
国
名
城
·
云
南
大
理

龙口城和龙尾城

　　龙口城又称龙首关、上关城，南距大理市区42公里，位于喜洲上关村西侧、苍山云弄峰麓，西起苍山云弄峰麓，东至洱海之滨，是南诏时期大理地区的北大门。《蛮书》卷五载："蒙归义……取大釐城（今大理喜洲），乃筑龙口城为保障"，蒙归义即皮逻阁。胡蔚本《南诏野史》载："开元二十六年皮逻阁迁居太和城，立龙尾、龙首两关。"因此，龙口城始建于南诏时期。唐开元二十六年（738）蒙舍诏皮逻阁统一六诏，建立南诏国后，为防御北方外族侵扰，遂"筑龙口城以为保障"，作为南诏太和城北面关隘。从南诏开始，统治者历代对龙口城都作了修葺加固，大理国、元代均有修缮，明洪武年间，大理卫指挥派周能在龙口城的基础上修筑龙首关。龙口城建筑规模宏大，仅北城墙就有三重，东城墙筑在海滨，南城墙西起山麓，东至海滨。在北城墙处还筑有一道月牙形的城墙，成为上关城的瓮城，现残存的城墙底部宽约15米，高约5米，用土夯筑而成。

龙口城是大理北面的第一道关口，地势险要、易守难攻，为历史上兵家必争之地。它是研究南诏以来大理地区政治、军事历史的重要实物。1987年被大理白族自治州人民政府公布为第一批州级重点文物保护单位。

龙尾城又名龙尾关、下关，位于西洱河北岸。南诏统一六诏并建都太和城后，同样出于防卫外族侵扰的考虑，与龙口城同期，顺西洱河北岸修筑了防护城堡，就是龙尾城，龙尾城原建筑规模宏大，西起天生桥，东至大关邑村的锁水阁，全长约四公里。由苍山斜阳峰南坡向东延伸，城南有天然护城河——西洱河。顺西洱河建有从天生桥至大关邑锁水阁长约五公里的城墙，并在中部黑龙桥一段建方城，南城门位于黑龙桥桥头，北城楼即为现存的寿康楼。同时

1
2

1.龙口城
2.龙口城遗址

在天生桥南建有一座小石城——石栅子，故有"三步两座城"之称。龙尾城从始建起，历代均有维修。据《南诏野史》及《南诏备考》载，大理国时期均对龙尾关有修葺，光绪二年，时任云南提督的杨玉科对城楼进行了重修。20世纪60年代，为建西洱河电站而修筑沿河道路，龙尾城城楼、城墙等建筑大部分被夷为平地。

　　龙尾城是南诏大理国时期的重要古城遗址，也是南诏大理国都城的南大门，是通往白崖、永昌、蒙舍各路的重要关口，是南诏建都太和城后抵御外族侵扰的重要防护体系，具有重要的历史价值，是研究南诏时期军事防御体系的重要实物资料。1987年被大理白族自治州人民政府公布为第一批重点文物保护单位。

| 1 | 3 |
| 2 | |

1~2.龙首城遗址考古现场
3.龙尾城

中国名城·云南大理

万人冢和千人冢

天宝战争是因为唐王朝杨国忠等奸臣擅权于朝，鲜于仲通等边将邀功于外引发的，战争的结果是唐将李宓统率的二十万人"弃之死地，只轮不返"。胜利者阁罗凤却以"生虽祸之始，死乃怨之终，岂顾前非而忘大礼"的胸怀，"遂收亡将等尸，祭而葬之，以存恩旧"。留下了今天的"万人冢"和"千人冢"，合称"大唐天宝战士冢"。

万人冢位于下关市区天宝街南侧，千人冢位于大理市下关镇旧铺村东，地石曲村西，320国道南侧，二者原都只是圆形土丘。民国二十九年，下关士绅集资修建了万人冢，并以其为中心建了占地2300平方米的天宝公园。后几经损毁翻修，现存坟冢高4米，直径8米，正面中间立一大理石碑，隶书"大唐天宝战士冢"，为民国云南名士李根源手笔。墓碑东西两侧分刻明嘉靖名将邓子龙、今人郭沫若所做诗篇。而千人冢则直到1995年才由政府出资仿万人冢形制修成。1993年11月被云南省人民政府公布为第四批省级重

大唐天宝战士冢——万人冢

大唐天宝战士冢——千人冢

点文物保护单位。

关于天宝战争，历史自有公论。唐朝著名诗人白居易在他的《新丰折臂翁》中写道：

无何天宝大征兵，户有三丁点一丁。
点得驱将何处去，五月万里云南行。
闻道云南有泸水，椒花落时瘴烟起。
大军徒涉水如汤，未过十人二三死。
村南村北哭声哀，儿别爷娘夫别妻。
皆曰前后征蛮者，千万人行无一回。

明将邓子龙在《万人冢》诗中写道：

唐将南征以捷闻，孰怜枯骨卧黄昏。
惟有苍山公道雪，年年披白吊忠魂。

中·国·名·城·云·南·大·理

五华楼和文献楼

据史书记载，南诏有三大名楼：一为彩云楼，一为双鹤楼，但最著名的要数五华楼。五华楼气势恢宏，建筑精美绝伦，是南诏重要国事活动场所。据说"上可立万人"，可以想像当年五华楼是何等雄伟壮观，可惜多次毁于兵火。明初重修的五华楼，清末再次被毁。20世纪30年代，大理乡民又一次重修，"文化大革命"中又再次遭受厄运，一夜之间几乎被夷为平地。1998年，大理白族自治州、大理市政府拨出专款，在原址重建五华楼。

新建的五华楼是一座高二十多米的四层建筑，最下一层称为台座，上面的三层称为楼。用大理方块石镶砌的台座，有九米多高；台座四周是用大理石栏杆做成的围栏；台座的四方洞开着古色古香的楼门。楼顶和屋檐是青瓦木梁、四角起翘的斗拱飞檐，梁柱纵横相连，四面八方互相呼应，像一只展翅腾飞的凤凰，既古朴庄严，又华丽飘逸，但气势与功能已今非昔比。

文献楼位于大理古城南门外一公里，始建于清康熙年间，是大理古城的标志性建筑，素有古城第一门之称。因楼额悬挂清王朝钦赐云南提督偏图"文献名邦"匾额，故名文献楼。偏图在大理为官15年，深受大理人民崇敬。原文献楼已毁，今之文献楼于1999年重建。

中国名城·云南大理

中国名城·云南大理

文献楼

明程度重要标志

中国名城·云南大理

元世祖平云南碑

公元1253年，元蒙哥命其弟忽必烈率领十万大军，从宁夏出发，经甘肃，入四川，分兵三路进攻大理。其间曾用皮筏渡过了天险金沙江，"元跨革囊"由此而来。汉人谋士姚枢随忽必烈攻大理，一路给忽必烈讲北宋太宗赵光义北征不乱杀无辜的德政，忽必烈说，你不必讲了，我已明白，你们汉人做到的，我们蒙古人照样能做，并亲书"止杀令"，留下千古佳话。

公元1308年，由翰林院集直贤学士程文海撰写的"元世祖平云南碑"立于大理古城三月街。碑通高4.44米，宽1.65米，正面中部刻有"世祖皇帝平云南碑"八个字。全碑由两块青石组成。碑文追述了元世祖平云南经过，歌颂了元世祖讨平云南的赫赫战功，同时还记载了元宪宗在大理的一些德政。

元世祖平云南碑文辞典雅，气势磅礴。行书遒媚秀逸，笔法圆熟。碑文记述史实详细，对研究元代初年政治、军事及云南地方史有重要价值。

2001年6月，元世祖平云南碑被国务院公布为第五批国家级重点文物保护单位。

1 | 2

1. 碑亭
2. 元世祖平云南碑（元代）

古迹荟萃

中国名城·云南大理

佛图寺塔

佛图寺塔俗称蛇骨塔，位于下关北面阳坪村，塔高30.07米，为十三级密檐空心方形砖塔，立于佛图寺前，塔因寺而得名。因其与一个脍炙人口的美丽传说相联系，当地人都称之为蛇骨塔。

相传南诏时，苍山马耳峰下出现了一条硕大无比的巨蟒，几十丈外的人畜瞬息就被它吞进肚里。蟒还时常跑到洱海里兴风作浪，打翻船只淹没田庄，害得洱海沿岸的人们无以为生。文官武将都拿不出降服巨蟒的办法来，只好挂榜招贤，征求斩蟒勇士。

苍山应乐峰下的绿桃村有个叫段赤诚的年轻石匠，看到巨蟒危害，人民受难，便决心为民除害。他揭下招贤榜，手执两刃"浪剑"，身捆24把钢刀，挥泪辞别父老乡亲，只身扑向波浪翻滚的洱海。

正当巨蟒张开大口觅食时，段赤诚趁势跃入蟒蛇口中，挥动两把利剑，在蟒腹中上下翻滚，左挑右刺将巨蟒杀死，段赤诚也英勇牺牲。水患平息后，为了永远纪念这位为民除害、以身殉难的英雄，人们把蟒蛇打捞上来，剖开蛇腹，拣出段赤诚的尸骨，与蛇骨一起烧制成砖块，建起了一座雄伟的大塔，也就是今天的蛇骨塔。

1983年1月，佛图寺塔被云南省人民政府公布为第二批省级文物保护单位。现为国家级文物保护单位。

中国名城·云南大理

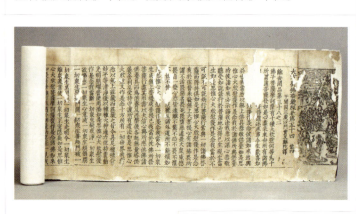

弘圣寺塔

弘圣寺塔，位于点苍山马龙峰下，南距崇圣寺三塔约三公里，世传乃阿育王所建。1979年维修的时候，考古人员从塔中取出木质，并进行了碳十四测定，结果说明该塔应建于三塔之后的大理国时期，距今八百余年。塔高40.8米，十二级。原有弘圣寺在塔后，明初被毁。

1981年，文物部门对弘圣寺塔进行维修，发现珍贵文物四百余件，其中塔模61件，佛教造像52尊，还有二十余种塔砖印咒，是研究大理佛教密宗的珍贵资料，弘圣寺塔也由此先后被列为省级、国家级文物保护单位。

中国名城·云南大理

杜文秀元帅府

从大理古城南门进去百余米，就看见一座气宇轩昂的大门，大门东向，前砌有二层台阶，一层为九级，二层为六级，两旁立有威武的雄狮一对。大门为单檐歇山顶，三开间，人字形瓦屋面，抬梁式结构。中间挂枋前留有长方形木匾，内楷书"总统兵马大元帅府"八字。这就是杜文秀元帅府，又名总统兵马大元帅府。

咸丰六年（1856），杜文秀率军攻克大理城后，被推举为总统兵马大元帅，元帅府设在大理古城。帅府分前、后殿两大院落，设午门，筑天子台，立丹墀，设议事厅、军机处（白虎堂）、侍卫室等。元帅府四周筑有高墙三百六十余米（今存南墙约172米）、设城垛，都由大理特有的砖石砌就。整个帅府布局严谨，错落有致，建筑精巧，格调高雅，气势恢宏，俗称"紫禁城"。

同治十一年(1872)11月，清军围困大理。26日，杜文

秀以牺牲自己为代价，以他和全家服毒自尽来换取全城百姓的生命安全。

　　杜文秀建立大理反清政权达十八年，施行了诸多进步措施。提倡民族平等，反对民族歧视，尊重宗教信仰；严明法纪，整饬军纪、吏治，要求各级军政官员，必须公正廉洁，提出"八不准"：不准擅杀，不准奸淫，不准勒索扰民，不准受贿枉法，不准压价估买，不准侵吞税款，不准强娶民女，不准滥派夫役；允许民众到帅府上诉。为了减轻人民负担，制定了《管理军政条例》，不准私加名目，妄自征收，又没收社会仓粮，开仓济贫，这些规定大得人心。同时，杜文秀十分注重发展生产，组织各地兴修水利，招民垦荒，努力促进和提高农业生产；组织民众开矿、煮盐，聘请技师教民纺织，修通各地驿道桥梁，发展商贸，极大地促进了滇西各地经济繁荣。

　　1985年9月，杜文秀元帅府被大理市人民政府公布为第一批市级重点文物保护单位，1993年11月被云南省人民政府公布为第四批省级重点文物保护单位，1998年被中共云南省委、云南省人民政府定为"云南省爱国主义教育基地"。

2
1

1. 杜文秀元帅府大门
2. 嘉禾门

杜文秀墓

杜文秀墓

　　19世纪中叶，清王朝腐朽的封建专制统治挡不住西方列强的船坚炮利，两次鸦片战争的失败和一系列不平等条约的签订，把中国人民进一步推向了苦难的深渊，全国各地农民起义此起彼伏。

　　1856年，杜文秀领导了云南滇西以回族为主体，联合汉、彝、白、傣、纳西、景颇等各族人民的反清大起义。历时十八年后被清政府残酷镇压，杜文秀宁死不屈，服毒后被抬到清营。后人为纪念杜文秀，就在杜文秀就义的下兑村旁建了墓。1956年、1984年至1985年两次经人民政府重修。墓地占地面积1400平方米，四周有柏树及围墙。墓通高 5.7 米，墓头碑书"总统兵马大元帅杜文秀墓"，墓尾碑为阿拉伯文，墓前有中国著名的历史学家白寿彝先生序及重修碑记，碑文对杜文秀领导的各族人民反清大起义给予了高度评价。

1983 年月，杜文秀墓被云南省人民政府公布为第二批省级文物保护单位。

周保中故居

周保中故居位于湾桥乡上湾桥中部。原为坐南向北的草房三间，因年久失修，十分破败，1949 年后倒塌。为纪念抗日英雄周保中，彰显他为中国革命建立的丰功伟绩，20 世纪 80 年代，在湾桥村西侧建周保中纪念馆。周保中故居1987 年 12 月被云南省人民政府公布为第三批省级文物保护单位。

苍山神祠

苍山神祠位于大理古城西苍山中和峰麓，为南诏时期所建，现存一殿二庑，为清嘉庆、道光年间重修。

据记载，南诏王异牟寻即位不久即仿中原王朝的做法，把南诏境内名山胜水封为五岳四渎，点苍山被封为"中岳"，苍山神祠就是祭祀苍山神的庙。

"天宝战争"以后，唐王朝和南诏都希望重修旧好。唐贞元九年（793），异牟寻以不同的路线派出三路使者，带着象征赤心、柔服、坚定和永属的丹砂、帛绢、黄金和当归等信物，随同携带绢书一封，前往长安。和好也是唐朝的心愿，因此在第二年正月间，唐朝派使者崔佐时来到南诏王都羊苴咩城，宣读了唐德宗的诏书。过了几天，崔佐时与异牟寻、太子寻阁劝，以及清平官等在苍山神祠盟誓。盟书一式四本，一本藏在点苍山神祠，一本沉入洱海，一本放在南诏的祖庙，一本进献给唐天子。此后，唐朝又派来使者袁滋册封异牟寻为云南王，赐给南诏金印，上有"贞

元册南诏印"几个字。

　　现在的苍山神祠是明清至民国时多次修建留下来的建筑，位于中和峰麓南侧，坐北朝南，前临中溪。整个建筑为一殿二庑，正殿为5开间，单檐歇山顶式，长14米，高8米，进深10.3米。后来，苍山神祠演变成了附近古城西门外七个村的本主庙，大殿正中有一块高1米、宽0.6米的石碑，上面刻着"敕封点苍昭明镇国灵帝神位"几个字。

　　苍山神祠作为唐王朝与南诏友好的历史见证，无言地向后人讲述着发生在苍洱间的历史风雨。

1. 苍山神祠
2. 苍山神祠东山墙镶的宋湘碑刻

中国名城·云南大理

感通寺

感通寺又名荡山寺，位于点苍山圣应峰南麓，大理古城和下关之间，距大理古城约五公里，距离下关约十一公里。感通寺背靠终年积雪的苍山，面对烟波浩渺的洱海，集天地间灵气于一身。据《荡山志略》记述："点苍山荡山寺始建于汉，重建于唐。"

明代白族学者李元阳于万历九年（1581）撰《重建感通寺记》，云："大理城南十里，西入山谷有寺曰感通，唐初李成眉贤者所建。"后历代扩建，到明洪武年间，共建盖寺庵"三十六院"。明代末期，寺庵涤荡损毁。清初重建时，寺庵下移至今址。现遗存一寺一庵（感通寺和寂照庵）。寺内保留着七块碑刻，记述了寺庵的兴衰。紧靠大云堂后，有一座舍利塔形的担当墓，高3.5米，碑文记载了担当的生平。在寂照庵的西侧有明代普同塔，西北脊上有明代和尚塔多座。

明洪武十五年（1382），住持无极禅师赴南京朝拜明太祖朱元璋，敬献白马、茶花。太祖十分高兴，即席赋诗，并赐法号，授予无极都纲之位。无极回大理后，将太祖所写大理诗十二首镌刻立碑，成为感通寺的重要文献。

人称感通寺为"苍洱驰名第一山"并不止于它优美的自然风光，更在于它有着一系列名人、名事、名花的遗迹和许许多多生动感人的故事传说。明代状元杨升庵因"议大礼"案触怒了嘉靖皇帝，被永远充军云南。嘉靖九年杨升庵与李元阳结伴同游点苍山，住宿感通寺的班山楼二十

1 2

1. 感通寺大殿
2. 担当墓

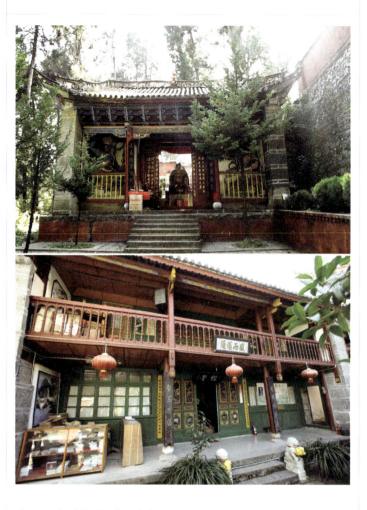

多日，在此校注《六书》并转注千字音韵，编撰云南史籍。李元阳便将此楼题名为"写韵楼"，今遗址尚存。晚于杨升庵一百多年的云南杰出诗人、画家、书法家担当和尚，晚年常住感通寺，因仰慕杨升庵的品学，重修写韵楼作为自己的住所，从此便留下了"龙女奇花传千古，名士高僧共一楼"的千古佳话。

　　感通寺特产感通茶，当年徐霞客亲口品尝后称道其"绝以桂相似"，"茶味颇佳"，今已发展成大片茶园，成为大理首屈一指的名茶。

洱海四大名阁

　　洱海的东南西北四方的岸边，历史上曾建有四座颇负盛名的楼阁，即东岸的天镜阁、南岸的珠海阁、西岸的浩然阁、北岸的水月阁，四阁遥相呼应，被誉为"洱海四大名阁"。

　　天镜阁位于洱海东岸的罗荃半岛上，三面临水，南面与金梭岛隔水相望，西面是排列伟岸的苍山玉屏十九峰，阁下海面一如明镜，每当风停浪静时，苍山倒影忽隐忽现，映于波光缥缈之中，"山环吞海，澄然如镜"，此阁据此而得名。杨升庵游此阁时曾有一联："异峰斜插水中，东是水，西是水；杰阁遥临天外，上有天，下有天。"阁下南端建有观音阁，阁前水中有礁石，称"石骡子"，民间又称它为"定海桩"，白族著名传说"望夫云"中的石骡子说的就是这里。1996 年，在原址上重建了现在的天镜阁，共三层，高 22 米，体量比历史上的天镜阁高大了许多。现在罗荃半岛上新建

天镜阁

中国名城·云南大理

罗荃塔，罗荃寺已复建，有正殿、厢房、大门和照壁。历史上三足鼎立的一寺一阁一塔的格局基本复建，罗荃半岛成为洱海东岸的著名风景点。

珠海阁位于洱海公园息龙山（团山）上。樊绰《蛮书》记载"龙尾城东北息龙山，南诏养鹿处"。南诏时期，团山为四面海水环绕的岛屿，山顶建珠海阁，颇具规模，有殿宇亭阁，曲径回廊等建筑。登阁观景，苍洱风光，百二山河尽收眼底，远观苍山，列玉屏，拖云苇，飞青舞白；俯瞰洱海，形如匹练，碧波万顷自北而来为阁吞之，气象万千，因而有"海阁观澜"的景观。清贡生杨晖吉写有《舟次珠海阁》一诗："迎秋南去泛仙槎，满载壶浆酒似霞；海放珠光云弄影，楼嘘蜃气浪飞花；钩垂洱水潭无底，屏列苍山画半斜；何处月明今夜醉，柳蒲烟里尽渔家。"今珠海阁已圮废，遗址（海拔2049米）在洱海公园内的息龙山上。

浩然阁位于洱海西岸龙凤村洱水神祠（龙王庙）前，始建于唐代。明嘉靖十七年（1538）大理知府杨仲绥重建。据文献记载："阁距海湄，沧波百里，风起涛鸣龙吟，仿佛轻舟出没，有凫鸥倚槛，观之觉胸中浩浩不能言其所以然。"浩然阁之名由此而得。又据《大理县志》载："浩然阁在城

浩然阁（费子志 摄）

东六里洱河之湄，俯沧波百里，风起涛涌，时有冷然欲仙之慨"，是楪榆十六景中，"海阁风涛"景。此阁四面环水，西面架桥通陆，四周护有大理石栏杆，阁东面海中建有龙门牌坊一座，与东面天镜阁遥相呼应，水中鸢飞鱼跃，人至此，每每有身入图画的感觉。浩然阁后来倒塌，清代在原址上再建的"右临水"，后亦毁。清光绪年间，江西临川人李瑞清集资复建，更名"丰乐亭"，清末民初，剑川著名学者赵藩曾与地方贤达到丰乐亭游赏，并作一联："昆明池当属斯，仿凿习楼船，汉帝雄心驰域外；浩然阁已无存，搜遗补碑碣，唐人高咏表楣端。"后来洱海水位下降，丰乐亭四周已成陆地，因年久失修，于1984年全部损毁。现存方形台基。

水月阁位于洱海北岸上关村，始建于明初，据载："阁澄水……扼龙关之首，俯临洱水，明月东去，荡漾金波，披襟映之如濯心魄于水壶中也。"水月阁之名由此得来。水月阁在洱海九曲之首"凤翼曲"北沿，海边岸柳如姻，岚雾飘浮，渔舟点点，令人赏心悦目。水月阁已毁，原址在著名的上关"洱海弓鱼洞"上方，就是如今的洱海北岸上关镇青官庙前。东南方15米处一棵大青树生机盎然。

文献名邦

中国民间
文化遗产
抢救工程
THE PROJECT TO CHINESE
FOLK CULTURAL HERITAGES

大理之大在文化。

白族历来重视文化。在白族地区，通常不是以财富多寡荣耀乡里，而是以子弟读书成才为自豪。故而大理地区文物古迹遍布，文献典籍浩如烟海，历代学界名流薪火相接，被誉为"文献名邦"。

文庙

大理因其区位优势，文明发端早，秦汉时期就与中原文化交流不断。李元阳《大理府志》载："汉帝元和二年乙酉（85），滇池出神马，甘露降，白马见，乃建学立师，楪榆之学始此。"

在明代，仅大理太和一县就有进士35名之多。清代大理府更加重视教育，据《明清进士题名碑录索引》载，清康熙中进士3名，雍正中进士9名，乾隆中进士23名，嘉庆中进士16名，道光中进士17名，咸丰中进士8名，同治中进士7名，光绪中进士22名。

建于清代的大理古城文庙在今大理市文化馆内。原为报国寺址，清代同治癸酉三月，士绅合议将明代大理府、先师庙合并重建，先后建有大成殿、两庑、大成门、棂星门、名宦祠、乡贤祠、致斋所、泮池、照壁、两栅及崇圣祠、祭器库、遵义门、明伦堂、正副学署殿、拜台等，规模宏大，"较旧广阔壮丽"。后几经变故，仅存大成门，现为市级文物保护单位，群众休闲场所。

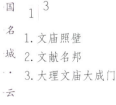

1. 文庙照壁
2. 文献名邦
3. 大理文庙大成门

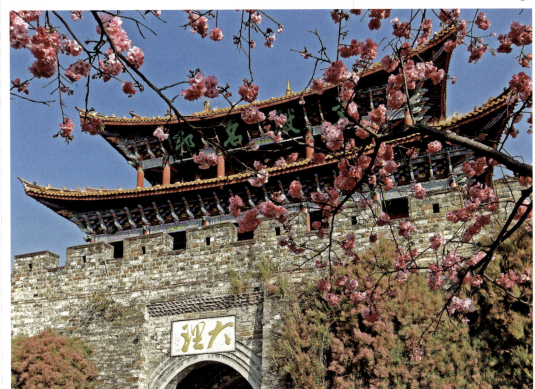

大理府考试院

大理府考试院位于大理古城博爱路北段东侧，今大理电影院后面，是清代滇西北童生考举的场所。大理府考试院始建于明代，原址在"城西北隅"，后"堂榭倾圮"。清同治年间，因"每遇考试辄假县治，殊为失体，绅士屡请建复"，于清同治十年（1871）迁至现址，现存考试院即同治十二年云南巡抚岑毓英在原大理西门清真寺基础上进行改建，建成了今天大理府考试院，"查大理一棚，内则太和、宾川、云南、赵州、浪穹、云龙、邓川，外则蒙化、永北及丽江、鹤庆、剑川，除府学外共十二属为一棚"，是当时滇西北地区童生考取秀才（即乡试）进行科举考试的场所。废除科举制度后，这里逐日衰败，建筑也随之倒毁废弃。清末，曾临时借为"总督行台"。辛亥革命时，一度为"迤

大理府考试院大殿

中国名成·云南大理

西自治机关部",继由第二师师长李根源呈准,改作饷械局,存放武器军械,后又成为民国大理专员公署,新中国成立后归部队使用。1985年由政府出资,前区交由地方建盖电影院。

大理府考试院原建筑格局根据现存《改建大理考棚记》碑文记述,清代考试院布局为"外筑甬壁,旁建两辕,前列大门,又置号房,官厅,次列仪门,左右设座号,可容童生数百人。中为大堂,后为过厅,又其后为内置,前后地势弘阔……落成时岑毓英作记勒碑"。其后,又增建有厨房、浴室、水井、拴牲口棚。现仅存过厅及北厢房,其余建筑均已不存。

现存的过厅坐西向东,为单檐歇山顶,主体建筑为抬梁式结构,部分构件采用穿斗的形式。过厅明间及两侧次间留有格子门,靠侧墙次间留有梅花窗。过厅的整个建筑气势恢弘,结构精巧,工艺精湛,美观大方。尤其是九架梁宫殿建筑形式较为少见,是白族建筑艺术的精品之一。

大理府考试院是国家级历史文化名城、"文献名邦"大理的标志性建筑之一,大殿是大理地区清末殿堂式建筑的典型风格,其建筑代表了清代大理殿堂式建筑的最高工艺水平。大理考试院作为大理地区晋级应试的考场,具有极其重要的地位,为研究清代滇西地区的科考制度提供了重要的实物资料。

1985年被大理市人民政府公布为首批重点文物保护单位。

108 ~ 109 页

| 1 | 3 |
| 2 | 4 |

1.大理府考试院大殿
2.山墙
3.大殿装饰
4.大殿翼角

中国名城·云南大理

西云书院

书院始于唐朝，最早的功能是珍藏文献典籍、文牍档案，后来发展成传播文化、切磋学问的场所。大理经过唐宋文化的浸润，明清以后，又将开科取士惠及边陲，书院开始出现。最早的书院是明嘉靖年间李元阳所建的中溪书院。随后大理地区书院遍及各县，仅大理一地就有六所书院，规模最大的当属杨玉科捐赠建造的西云书院。

西云书院为一座三进四合院，共有房舍一百三十余间，学子来自滇西各县，现为大理一中，几经改造，当年的西云书院已面目全非。

各书院都书有激励学子"读书养气，敬业乐群"的楹联，这里仅录西云书院和中溪书院两联以飨读者：

鸟语花香，潭影绰约，昔日将军歌舞地；
榭曲廊回，泉韵悠扬，今朝学子弦歌声。

第一等事不可让人，格物致知诚意正心以修身也；
用百倍功贵在责己，博学审问慎思明辨而笃行之。

```
  2
1 ┤
  3
```

1.书院大门
2.书院庭院
3.书院云阶厅

中国名城·云南大理

中 国 名 城 · 云 南 · 大 理

兰花厅的大理石栏杆

中国名城·云南大理

文献典籍

大理被誉为文献名邦，典籍丰富，人才辈出。虽经历史风雨，尤其是明军攻破大理后，将"在官之典册，在野之简编，全付之一炬"，使南诏大理国时期许多史籍毁于一旦。但从清代道光《云南通志·艺文志》、倪蜕《滇云历年传》、民国《新纂云南通志·艺文志》，人们仍可看到大理历史文献的悠久厚重。大理白族自治州白族文化研究所出版的《白族文化研究》（2004、2005）刊登的李孝友先生《古代大理学人著述考说》，施珍华、杨延福所著《大理古代文化著作增补》也提供了不少线索。

云南大学方国瑜教授主编的《云南史料丛刊》，大理白族自治州白族文化研究所编纂的《大理丛书》对历代文献典籍分门别类予以介绍，为读者了解大理历史提供了便利。大理白族自治州文化局主编的《苍洱文苑丛书》，大理市白族文化研究所主编的《白族文化研究丛书》也汇集了不少有关大理的研究成果。

3
1
2 4

1. 大方广佛华严经卷五十二
（元代）
2. 大方广佛华严经卷五十七
（元代）
3. 大理凤仪法藏寺戏台
4. 大理凤仪法藏寺藏经卷所在地

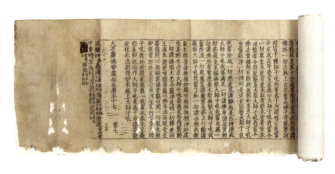

北汤天藏经楼

北汤天藏经楼在北汤天法藏寺内，法藏寺位于凤仪镇北汤天村中部北侧，始建于明洪武二十五年（1392），为凤仪密教大阿吒力董贤所建。明永乐十年（1412），董贤入觐明成祖，受赐国师，该寺又称国师府。自明至今已多次修葺。1956年，在寺内发现历代佛经共三千余卷（册），其中有南诏、大理国写经33件；明代木雕菩萨、天王像等多件，对研究南诏、大理国时期的宗教文化具有极高的价值。

1987年12月被云南省人民政府公布为第三批省级文物保护单位。

大理凤仪法真寺

中国名城·云南大理

大理学院

大理学院是 2001 年经教育部、云南省人民政府批准，由具有三十多年办学历史的大理医学院、大理师范高等专科学校、云南省电大大理分校、大理工业学校合并组建而成，是滇西地区本科办学历史最长、学科门类较为齐全的一所综合性大学。

学校现有 16 个校属教学学院，有涵盖经济学、法学、教育学、文学、理学、工学、农学、医学、管理学、艺术学等十个学科门类的本科专业 45 个；有 4 个一级学科硕士点、28 个二级学科硕士点，1 个硕士专业学位授权点，是省级立项建设新增博士学位授予单位；有药物研究所、民族文化研究所等 12 个研究机构；有 2 所直属附属医院，3 所非直属附属医院；有教职员工 1283 人，其中，"长江学者" 1 名，正高职称人员 119 名，副高职称人员 290 名；面向 30 个省市、自治区以及南亚东南亚地区招收学生，近几年招收全日制在校生规模都在 15000 人以上。

学校校园占地面积 2300 亩，校舍建筑面积 64.68 万平方米，有古城和下关两个校区，学校本部设在古城校区。古城校区坐落于大理古城西苍山马龙峰麓，整个建筑群以"学海飞帆"为主题，校前区广场的"流金水月"、第一综合教学楼的"学海帆影"、理工实验楼的"水之歌"、艺术楼的"帆之韵"、体育馆的"碧水精灵"……与苍山洱海相融合成就了"山水中的大学"；百花园、山茶园、桂花园、玉兰园点缀其间，经过龙溪水的沁润，万株樱花、千枝山茶竞相开放，又成就了"大学中的山水"，学校也因其"大学中的山水、山水中的大学"的魅力，成为在苍洱风光中极具新意的人文景观。

经过十余年的努力，大理学院在人才培养、学科建设、科学研究、文化传承创新等方面都取得了长足的进步，日渐成为在省内有广泛影响、在南亚东南亚有较高知名度的综合性大学。

2
1

1. 大理学院
2. 教学综合楼

中
国
名
城
·
云
南
大
理

文学艺术

白族是一个有着悠久历史和深厚文化底蕴的民族。作为生活在云南这块诞生了早期人类的古老土地上的世居民族之一，白族在饱啜源远流长的中华文明并不断补充、吸收各个时代、各个地区的先进文化的基础上，创造出自己特色鲜明的民族文化，向世人奉献出了流光溢彩、记录了本民族精神生活和心灵历程的鸿篇巨制。

早在新中国成立之初，百业待举，毛星、李星华等老一辈民间文学家就于1956年莅临大理采风，李星华是这样赞美大理丰富多彩的民间文学的："大理山川名胜，绮丽宜人，凡是到过大理的人，都会为它的胜境所陶醉。苍山十九峰，像一幅天然的彩屏，紧紧怀抱着洱海，著名的'风、花、雪、月'四大奇景都蕴藏着最优美的传说，大理白族地区是神话的海洋。在大理，几乎一山一水，一草一木都有传说故事。"

大理的民间文学丰富多彩，书面文学也不逊色。许多佳作被历代辗转传抄流传至今。这里仅选录数则与读者分享。

美人石

太和村西面的苍山佛顶峰下有一块形如少女静卧，中间断裂的巨石被称为"美人石"，还有一个流传千古的故事呢。

相传南诏王有个王子，随着年龄渐长，也到谈婚论嫁的时候了。许多王公大臣都希望攀龙附凤，但王子没有一个中意的。他把自己的烦恼告诉老师。老师告诉他："好花长在深山，好女藏在民间。"聪明的王子决定到民间寻找自己的意中人。

临行时，南诏王给他一道圣旨，告诉他无论看上哪个姑娘，只要把圣旨朝她家门上一贴，她家人就会乖乖地把姑娘送进宫来，连顽石也不敢违抗。

王子怀揣圣旨，独自到民间去寻找心目中的美女。他走遍了苍山洱海之间的村村寨寨，但百姓就像老鼠见猫似的躲得无影无踪，王子一无所获。这天他来到莫残溪边，忽见荒草中静静地躺着一块巨石，他一屁股坐下来，靠在大石头上休息。醒来越想越气，干脆就将圣旨贴在大石头上。

佛顶峰

官里正因为王子不知去向而乱作一团，忽然见王子垂头丧气地回来了。又见王子身后有一巨石从空中飞来，南诏王气极败坏，一箭将巨石射倒在地。

王子将自己的遭遇告诉老师，老师告诉他："狼怎么会和羊做朋友，百姓怎么会与官家搭亲家。"从此，王子离开王宫不知去向，据说是去寻找自己的幸福。

"美人石"的故事有多种版本，这个版本应该是最能反映白族人民爱情观的。

望夫云

在大理苍山的玉局峰上，有时会飘起一朵洁白的云彩，当地人称它为望夫云；苍山斜阳峰南麓洱海出水口有一座江风寺；洱海东有一座罗荃寺，这本来是互不关联的三处景点，却被一个凄美、壮烈的爱情故事联系在一起。

民间传说，南诏王有个美丽、善良的公主，公子王孙争相求亲，她都不称心。一年春天，公主在绕三灵盛会结识了玉局峰的年轻猎人，但父王已将公主许给了大将军，只待吉日成亲。公主得到喜鹊帮助，把消息告知猎人。猎人在苍山神的帮助下，月夜飞入王宫，把公主带到玉局峰，于岩洞内成亲。南诏王派人四处寻找公主，但不见踪影。海东罗荃寺高僧罗荃法师告知南诏王，他用神灯照见猎人和公主住在玉局峰，并派乌鸦去通报公主，要她快快回宫，不然，他即以大雪封锁苍山，把她和猎人双双冻死。公主说她死也要跟猎人在一起，罗荃法师即用大雪封锁了苍山。为度严寒，猎人迎着暴风雪，飞入罗荃寺盗出冬暖夏凉的七宝袈裟。当猎人飞回至洱海上空时，罗荃法师追赶上来，口念咒语，用蒲团把猎人打入海底，化为石骡子。公主得知消息后终日啼哭，悲惨的呼号声震动了苍山十九峰。在白狐仙子的帮助下，公主历尽千辛万苦，到南海向观音菩萨借来六瓶风，打算吹干洱海水解救自己的爱人。到了江风寺，罗荃法师作法将风放跑了五瓶，结果因风力不够，无法将洱海水吹干，只是将石骡子现出半个身子。公主忧愤而死，化为一朵白云，忽起忽落，好像在向洱海深处探望。此时，洱海上空也有白云飘浮，两朵云互相呼应，狂风大作，掀起巨浪，吹开海水，现出石骡，风才止息。

这是何等撼人心魄的爱情绝唱。

望夫云的传说在大理由来已久，传说各异。《重印大理府志·精气化云》记载："俗传昔有人贫困，遇苍山神授以

望夫云

异术，忽生肉翅，能飞。一日，至南诏宫，摄其女入玉局峰为夫妇，凡饮食器用，皆能致之，后问女：'安否？'女云：'太寒耳。'其人闻河东高僧有七宝袈裟，飞取之，及还僧觉，以法力制之，遂溺死水中。女望夫不至，忧郁死。精气化为云。倏起倏落，若探望之状。此云起，洱海即有云应之，飓风大作，舟不敢行，人因呼为望夫云，又呼为无渡云。"

《大理县志稿》也说："俗传蒙氏时，有怪摄宫中女，居于玉局峰巅。女所欲食，怪给之不绝。因山高候冷，女苦之，与索衣。怪慰之曰：'河东高僧有一袈裟，夏凉冬暖，可立致。'遂夜至洱海之东罗荃寺，将袈裟盗出。僧觉之，以咒厌，怪溺死寺西水中，化一大石坪，俗呼为石骡子。女望之不归，遂郁死；精气化为云，名望夫云。每每岁冬再现，即大风狂荡，有不将海中之石吹出不止之势。"

观音负石阻兵

中
国
名
城
·
云
南
大
理

　　距大理古城南五公里有一大石庵，又名"观音塘"，是滇西著名古刹之一。寺内有突兀巨石一块，周围筑有方池，有石拱桥连通。巨石上建有大理石阁，内奉玉观音，称"琼楼玉宇"，又称"观音阁"。寺观布局严谨，有山门、签房、观音阁、罗汉堂、方丈室、过殿、大殿等。

　　相传古时外族用兵大理，观音为止息刀兵，化一老妇，用草绳负巨石在路上缓步行走，兵将看到后十分惊讶。心想老妇尚且有如此力气，年轻人更可想而知。于是，他们藏起兵刃，悄然而退，眼看就要爆发的一场战火被消弭于无形。白族先民为感谢观音菩萨，故建大石庵，供人们瞻仰。

中
国
名
城
·
云
南
大
理

观音伏罗刹

　　《观音伏罗刹》的美丽传说与有着"千年赶一街，一街赶千年"美誉的大理三月街的由来相关。

　　相传美丽的大理坝子很长时间被罗刹霸占，他为非作歹，尤其是喜欢吃人的眼睛，害得许多人成了瞎子。观音来到大理弘法，非常同情这里的百姓，决心惩治罗刹解救百姓。观音变成一位梵僧，经与罗刹接近的张敬引荐，罗刹很欢迎观音，两人相处日久，观音提出借一块只要袈裟一铺、小白犬跳四跳的地方结茅静修，罗刹爽快答应。

　　观音与罗刹立下字据，同时请张敬作保。结果观音将袈裟一铺，竟把苍山、洱海都覆盖了，小白犬跳四跳，就从

罗刹阁

上关跳到下关。罗刹一看，自己的地盘都没了，想要反悔，但又斗不过观音，只好求观音另给他安排地方。

观音将上阳溪涧内一个石洞变成一座富丽的宝殿，又将螺蛳化成人的眼睛，罗刹高高兴兴地搬入新居。观音作法封住石洞，从此，罗刹就永远不能出来残害民众了。

观音服罗刹不足凭信，但佛教传入大理后，弘扬佛法的僧侣附会观音，在中和峰下讲经授法，引来不少白族善男信女礼拜听讲，天长日久，这种法会逐渐演变为大型民间集会、民间集市，这就是大理三月街的来历。

小黄龙

在白族地区，尤其是洱海周围地区，龙的故事特别多，流传也很广，主要作品有《九隆神话》、《雕龙记》、《掷珠记》、《浪穹龙王》、《小黄龙与大黑龙》、《玉白菜》、《金猪审三海》、《龙母神话》、《金鸡和黑龙》、《大官与恶龙》、《牧童与龙女》等，收集到的大概已有一百多篇。白族民间故事中，龙的故事之所以如此之多，是与大理一带水多有关系。古代，白族人居住的地方，大小河流纵横，湖泊沼泽密布。水给人们带来了幸福，也给人们带来灾难。古代人的观念是有水就有龙，龙主水，于是就有很多龙的故事产生。在龙的故事中，有好龙，也有恶龙。好龙普施雨露，造福人类；恶龙兴风作浪，危害人民。于是又有好龙与恶龙斗争的故事产生，而且又通常是好龙战胜恶龙。这反映了古代白族先民同自然作斗争和战胜自然的理想和愿望。这里仅录《小黄龙》作为代表。

小黄龙的故事情节曲折而有趣。大意如下：大理点苍山应乐峰隐仙溪旁边有一个绿桃村，村中一位少女因误食山桃怀孕，后来生下一个男孩。长大后力大无穷，但怕热、爱水。一次偶然的机会，他治好了龙潭中龙王的病。龙王为感谢他，留他在龙宫游玩。结果他又误穿了黄龙袍变成小黄龙。为了让他将功补过，龙王派他去驱赶盘踞下关兴风作浪的大黑龙。

小黄龙与大黑龙大战几个回合，打得饥肠咕咕叫，仍然不分胜负。他恢复人形求助他的母亲。母亲告诉他，这个事情好办，我找些人蒸上几十箩馒头，拣上几十箩鹅卵石。你肚子饿了，就翻上来，我给你喂馒头；黑龙翻上来，我们就给他扔石头。结果大黑龙被打断一只角，打瞎一只眼，冲开天生桥一个洞逃跑了。小黄龙战胜了大黑龙。后人为小黄龙建盖了洱海神祠，他母亲也成了绿桃村本主。

辘角庄

《辘角庄》的故事在大理苍山洱海之间流传甚广，异文也很多。这一故事，明代万历年间的《南诏野史》及《白古通记》、《大理府志》等均有记载。故事大致是这样：南诏王阁罗凤有个美丽的公主，国王选了许多公子王孙作女婿，公主都不喜欢，因而触怒了国王。国王便给了公主一条水牛，把她赶出宫去，让她自己去寻找配偶。公主倒骑在水牛上，任水牛自由行走，最后走到辘角庄一个樵夫家中，便做了樵夫的妻子。成亲后，公主请父王到家里做客。国王说，除非从你家到王宫都用银子铺路、金子搭桥，否则我是不会去的。后来，樵夫在山上得了许多金银，真的铺起了金桥银路，国王才认了女儿。故《辘角庄》又名《金桥银路》。故事通过公主下嫁樵夫反映了白族人民追求婚姻自主的美好愿望和古老的"天婚"遗俗。

1 2

1.辘角庄
2.辘角庄深巷

中
国
名
城
·
云
南
大
理

大黑天神

大黑天神是佛教的护法神，源于"摩柯伽罗大黑天神"，经过白族人民的梳妆打扮，却成了一位明辨是非，善恶分明，敢于反抗权势，舍身救民的英雄，被大理、洱源、剑川等市县好几个白族村庄奉为本主。

据《新纂云南通志·宗教考·佛教》载："云南各县均有土主庙，所供之神非一，而以塑大黑天神者为多，塑像三头六臂，青面獠牙，狰狞可畏。何以祀此神像，民间传说多无稽之谈。近来留心滇史，稍有涉猎，乃知大黑天神为阿吒黎教之护法神。盖其教以血食享祀，民间犹敬畏之，村邑立祠，疾疫祷祝，初谓之大灵庙，后乃目为土主也。"

大黑天神传说版本很多，其中大理市湾桥村的传说是这样的：

大理上湾桥、下湾桥两村本主叫大黑天神。相传在远古时候，天上有一位天神，是玉皇大帝驾前的一员神将。因为他对玉皇大帝忠心耿耿，刚直勇毅，降妖伏魔，屡立战功，所以深得玉皇大帝的赏识，很受器重和信任。

有一天，玉皇大帝临朝议事，他偏信了巡天神所说"湾桥一带黎民人心日下，男不耕，女不织，上不孝，下不养，都变懒、变坏了"的不实之辞，就派大黑天神将瘟药撒在上湾桥和下湾桥两村，叫他们家家染上瘟疫，户户断子绝孙，人人不得好死！

大黑天神带着瘟药来到人间，只见苍洱之间一片春光明媚，到处鸟语花香，人们都在田野里忙着耕种，犁田的犁田，挖水的挖水，栽秧的栽秧，一派欢乐繁忙景象。大黑天神不觉大吃一惊，心中暗想：这究竟是怎么回事啊？这里的人男耕女织，都很勤劳，并不像巡天神所说的那样。莫非他说的是假话？他一路走，一路想，越想越觉得不对头，便打定主意先探访一下，再决定撒不撒瘟药。

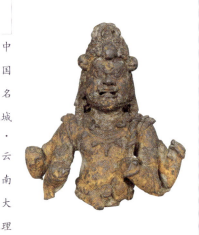

铁质大黑天神头像（宋代）

前面是一条田间小路，顺路向西便是上湾桥。大黑天神看到小路上有一个三十多岁的女人，右手牵着一个七八岁的男孩，背上背着一个十岁左右的男孩，急匆匆地向着村中走去，非常奇怪，就变成一个白发苍苍的老倌，弯腰驼背，手拄拐棍，慢慢走近那个女人，含笑问道："你这个女人也真怪！年纪小的娃娃你不背，反倒背着年纪大的娃娃，这岂不是弄颠倒了吗？你到底为哪样？"

那女人抬起头来，见问话的是一位老大爹，便恭恭敬敬地答道："老大爹，你老人家有所不知，年纪大的这个娃娃不是我亲生的，可怜他的亲娘早已死了，没有亲娘我应多疼他一些呀！"

大黑天神听后，心中惊讶，又问道："既是如此，那你牵着的这个娃娃，该是你亲生的了，是不是？"

"是我亲生的。"那女人微微点了点头，指着那个年纪小的娃娃说："他的年纪虽说小一些，可还懂事，我不背他，常常背着他的阿哥，他也不争不哭。"

大黑天神抚摸着娃娃的小脸，感慨地说："你妈的心肠好，你的心肠也好，你们都是好人。难得！实在难得！"

大黑天神感动极了，就告诉女人："回去在家门前栽棵小松树，再在门头上挂一双新草鞋，你们全家就能消灾免难。"说完就不见了，女人知道这是神仙，就急忙赶回家。

那女人回到家后，心想怎么只能顾自己呢，就与丈夫挨家挨户通知。当晚，大黑天神见家家如此，心想这里的人这么善良，怎么忍心加害呢，但不做又违抗玉皇大帝的旨意，左右为难，他干脆自己把瘟药吃了。

玉皇大帝在天上得知大黑天神吞吃瘟药舍身救人类，赶忙派蛇神下凡抢救。

蛇神赶到上湾桥村，来到大黑天神身边，大黑天神已是

中国名城·云南大理

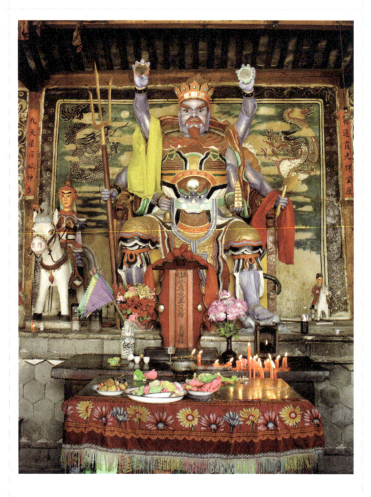

湾桥村大黑天神本主

口流黑血，奄奄一息。他立即召唤附近的大蛇小蛇，一齐出动，前来吸毒。霎时之间，大蛇小蛇来了一大群，它们爬在大黑天神身上，有的去吸脸上的毒，有的去吸手上的毒，有的去吸脚上的毒。可是，大黑天神服毒太多，中毒太深，瘟毒攻心，七孔出血，这些蛇又来迟了一步，蛇神也没有办法，眼睁睁望着大黑天神死去了。因为蛇来吸毒，他的脸上、手上、脚上、身上，都留下了百孔千疮，样子非常吓人。

大黑天神死后，上湾桥和下湾桥两村的人都感激大黑天神救命的恩情，为他盖了一座本主庙，尊奉他为本主。

火烧松明楼

唐初，洱海周围分布着六个大的部落，叫六诏，其中蒙舍诏在诸诏之南，故又名南诏。南诏在唐王朝的支持下，经过皮逻阁、阁罗凤两代兼并战争，终于统一了六诏。对这一重大的历史事件，白族人民创作了《火烧松明楼》的美丽传说，塑造了一位美丽刚烈的慈善夫人，又称"柏洁夫人"。它与火把节一起流传千古。

大理城西门村、北门村本主柏洁夫人的传说是这样的：

六诏时候，浪穹诏主有个才貌双全的女儿，嫁给邓赕诏主咩罗皮为妻，称为柏洁夫人。

那时，蒙舍诏势力最强，诏主皮逻阁为了并吞五诏，暗地设下一个圈套，用松明做材料，建立了一座松明楼。新楼落成时，正好是六月二十五祭祖日。皮逻阁便邀请各诏主前来松明楼祭祀。各诏主接到请柬，不敢不去，只有越析诏主路远没来。

柏洁圣妃庙

邓赕诏主在临走前与其妻计议，柏洁夫人劝阻道："依阿侬看来，蒙舍诏主早有并吞五诏之心，这次造松明楼，邀请各诏主赴宴祭祖，怕有暗算在里面，大王不可舍了万金之躯，轻入虎狼窝穴！"

　　诏主道："贤妃说的有道理，可是六诏同是一个祖宗，祭祖是件大事，如果不去祭祖，蒙舍诏主会说我不去祭祀是忘祖背宗，借机兴兵讨伐我诏。他强我弱，难以抵敌，几十万黎民不保。不如我亲自去，封了他的口，使他师出无名，以解危机，保全我诏。"

　　柏洁夫人着急地说："大王千万不能去！您虽想保诏，只怕他暗地加害，我诏无主，更难保全。我看倒不如同四诏联成一气，皮逻阁想吞并五诏，就没那么容易了。望大王好好想想，早定大计。"

　　邓赕诏主考虑再三，决定还是赴宴。

　　柏洁夫人见丈夫执意要去，便取出自己的一只铁手镯，戴在丈夫手腕上，夫妻洒泪而别。

　　六月二十五日，各诏主齐集松明楼。祭过祖先，吃罢酒饭，皮逻阁把他们安顿在楼上就寝。半夜，他悄悄下楼命人在楼下放了大火，四诏诏主全烧死在松明楼中。

　　噩耗传到邓赕诏，柏洁夫人悲痛万分，她立即召集部众，连夜打起火把，赶到松明楼下。她强忍悲痛，急忙用双手在焦炭堆里刨呀，挖呀，刨开了一堆又一堆的炭灰，挖出了一具又一具的尸骨。十个手指头都刨烂挖黑了，流血了。她强忍着揪心的疼痛，还是一个劲地刨挖，终于发现了铁手镯，认出了丈夫的遗骨。

　　皮逻阁得知柏洁夫人来了，赶到灰堆旁，见她花容月貌，不觉起了歹心，说要娶她为妃。柏洁夫人为了给丈夫报仇，就假意许诺："要成亲，得答应三件事：第一件，你要亲自

邓赕诏主与柏洁圣妃本主

披麻戴孝，设灵堂祭奠诏主；第二件，你要派人把诏主的灵柩发还故土安葬，起灵之日，还要送出十里之外；第三件，五七（距死难日三十五天）满日，你要到下关备办花船，从洱海水道亲自来迎娶。"皮逻阁被柏洁夫人的美貌迷住了，件件依从，一一照办。

柏洁夫人将灵柩运回邓赕诏后，立即召集部族文臣武将商议保卫诏土的大事。于是，大家在柏洁夫人的率领下，筹办粮草，训练士卒，加固城垛，日夜加强巡逻，积极准备迎敌。

皮逻阁得到消息，立即率领兵马，星夜赶到邓赕诏，攻打城池。双方经过一年多浴血苦斗，柏洁夫人不幸城破被俘。柏洁夫人先是绝食相抗，后来想寻机报仇，就答应与皮逻阁同船回下关。柏洁夫人穿着一身素纸做的衣服，在糊裱纸衣时暗藏了一把剪刀，趁皮逻阁喝得半醉，猛然

康熙辛亥年刻立的《慈善妃庙记》

抽出剪刀向他脑门刺去。不料只刺中肩膀，被他一拳打落剪刀。柏洁夫人怕被抓住，一纵身跳向洱海。皮逻阁慌忙一把抓去，揪住了衣服，可柏洁夫人穿的是纸衣，一抓就破，只抓着一把纸，眼睁睁看着柏洁夫人沉没在万顷波涛之中。白族人民对这位智勇双全的烈女万分敬佩，大家都撑出船来打捞。可打捞了三天三夜，从洱海头打捞到洱海尾，都没有找到她的尸首。

皮逻阁从柏洁夫人行刺跳海后，又气愤，又惋惜，后悔不已。他看到百姓非常崇敬柏洁夫人，为了掩饰自己的丑行，于是假惺惺地封她为柏洁圣妃（又称宁北妃），立祠祭祀，门坊上还挂了一块题着"铁钏千秋"的横匾。

后来，白族人民为了纪念柏洁夫人，就把农历六月二十五日定为火把节。那天，火把点燃后，要举行赛马，即跑"火马"——扎一个两节的纸马，人站中间，边放火炮边跑，象征火烧松明楼时快马驰救的各诏将士。八月初八日，洱海沿岸村落还要举行捞尸的耍海会，以表达对柏洁夫人的怀念。白族妇女还兴把凤仙花和红丹根捣碎，包着手指，将手指甲染成红色，象征柏洁夫人刨挖丈夫遗骨时十指出血。大理城西门、北门，喜洲，洱源邓川等地，还世世代代奉她为本主。

大理学院教授赵定甲书联：

一人举身殉难，而一个民族节日兴焉，古今能几个？

十指沥血寻夫，教万千女孩指甲红了，天下有谁人？

孔雀胆

元朝末年，群雄并起，天下大乱，红巾军明玉珍部趁机占据巴蜀，在重庆建立"大夏"政权，改元天统。同时向南进攻元梁王府邸所在地昆明。梁王请求大理援助。大理第九代总管段功领兵打败明玉珍，并将云南失地尽行收复。梁王因段功解救有功，升他为云南行省平章政事（相当于省长），并将女儿阿褵嫁给段功。

阿褵是位蒙古美女，被蒙古人称为"押不芦花"，意思是能起死回生的美丽仙草。阿褵美丽多情，段功因此恋居昆明，久久不肯回大理。段功原配夫人高氏思念丈夫，填了一首《玉娇枝》寄给段功，劝段功速回大理。诗曰：风卷残云，九霄冉冉逐。龙池无偶，水云一片绿。寂寞倚屏帏，春雨纷纷促。蜀锦半间，鸳鸯独自宿。珊珊枕冷，泪滴针穿目。好难禁，将军一去无度。身与影立，影与身独。盼将军，只恐乐极生悲冤魂哭。段功得信后颇为感怀，即日赶回大理。

然而，在大理居住不久，段功追忆阿盖的温柔貌美，又想回昆明。部下杨智（字渊海）、张希娇等人献诗劝阻。杨智诗云：功深切莫逞英雄，使尽英雄智力穷。窃恐梁王生逆计，龙泉血染惨西风。诗情真意切，但段功不听，坚持回到昆明元梁王府。

此时，梁王左右有人进谗言："段平章复来，有吞金马、咽碧鸡之心矣，曷图之？"梁王担心段功权重望高，危及自己，就密召阿盖说："亲莫如父母，宝莫如社稷。"劝诱她用孔雀胆毒杀段功。阿盖泪流满面，不愿受命。

回到家后，阿盖把父王要她毒杀丈夫之事告诉了段功，一再劝说段功立即赶回大理，并表示愿与段功一起走。段功自信对梁王有大恩，不相信梁王会对自己女婿下毒手。

梁王知道阿盖不能成事后，便另设圈套，邀请段功到东寺做佛事。段功自负武功高强，欣然赴邀。行至通济桥时，预先受梁王之命埋伏好的番将突然杀出，刺杀了段功。

阿盖听到丈夫的死讯后，痛不欲生，悲愤作诗一首，然后投水自杀。因投水处在西寺塔附近，后人就在西寺塔旁建祠纪念她，称为"阿姑祠"。郭沫若就是根据这段真实的历史故事，写出了著名的历史悲剧《孔雀胆》的。

2

1

1. 段功墓
2. 始建于元代的大理圣源寺观音阁

中国名城·云南大理

《星回节游避风台》

寻阁劝于唐宪宗元和三年（808）即位，唐册袭封南诏王，赐元和金印。《玉溪编事》记载："南诏以十二月十六日为星回节，游于避风台，命清平官（相当于宰相）赋诗。"以下所录即为寻阁劝和清平官赵叔达唱和诗。

寻阁劝诗：

避风鄯阐台，极目见藤越。悲哉古与今，依然烟与月。自我居震旦，翊卫类夔契。伊昔经皇远，艰难仰忠烈。不觉岁云暮，感极星回节。元昶同一心，子孙堪贻阙。

赵叔达和诗：

法驾避星回，波罗毗勇猜。河阔冰难合，地暖梅先开。下令俾柔洽，献琛弄栋来。愿将不才质，千载侍游台。

白族星回节（火把节）

中·国·名·城·云·南·大·理

江鸥聚处窗前见

杨奇鲲是南诏王隆舜的清平官，读书贯通百家，有诗名。唐僖宗中和三年（883），杨奇鲲受南诏王隆舜派遣到成都迎唐安化公主，被害于成都。其所作《途中诗》云：

（首缺两句）

风里浪花吹又白，雨中山色洗还青。

江鸥聚处窗前见，林狄啼时枕上听。

此际自然无限趣，王程不敢暂留停。

这首诗当是赴成都"迎公主"途中所作，诗人把途中景色写得清新优美，兴味盎然，语言洗练，因而脍炙人口，还被收入了《全唐诗》。

《题大慈寺芍药》

段义宗为南诏王隆舜及大长和国主郑仁旻的清平官，是南诏有名的诗人，曾作为南诏使臣出使唐朝，后又作为大长和国使节使蜀。他至蜀后，不愿朝拜，削发为僧。他在蜀中写了不少诗，可惜流传下来的很少。现在能看到的只有几首。其中写得最好的一首是《题大慈寺芍药》，诗云：

浮花不与众花同，为感高僧护法功。
繁影夜铺方丈月，异香朝散讲筵风。
寻真自得心源静，夜色非贪眼界空。
好似芳馨堪供养，天教生在释门中。

万里照山关

董成是南诏王世隆清平官，唐懿宗咸通元年（860），奉使至成都，与节度使李福抗礼，福囚之，后遣还。因作《思乡作》：

泸北行人绝，云南信未还。
庭前花不扫，门外柳谁攀。
坐久销银烛，愁多减玉颜。
悬心秋夜月，万里照关山。

又作《听妓洞云歌》：

嵇叔夜，鼓琴饮酒无闲暇。
若使当时闻此歌，抛掷广陵都不藉。
刘伯伦，虚生浪死过青春。
一饮一硕犹自醉，无人为尔卜深尘。

这两首诗把他客居他乡、心怀故国的情怀表现得淋漓尽致，两首均被收入《全唐诗》。

《南诏图传》和《张胜温画卷》

南诏画工张顺《南诏图传》(又名《南诏中兴二年画卷》、《南诏画卷》、《南诏中兴国史画卷》)和大理国画工张胜温的《张胜温画卷》是研究南诏、大理国社会历史的重要资料，被称为"南天瑰宝"，"大理双璧"。

《南诏图传》为纸本彩绘，长5.73米，宽0.3米，由图画和文字两部分组成，图画部分共绘有94个人物，内容可分四段，第一段画展现观音幻化的传说；第二段画祭铁柱故事；第三段画南诏诸王及臣民拜佛情景；最后为洱海图。文字部分2462字，详细说明了流传于洱海地区的"观音七化"故事。图卷原藏清朝宫廷，1900年八国联军攻占北京后，被携掠国外，现藏日本京都友邻馆。

《张胜温画卷》是大理国描工张胜温绘制，画卷为纸本，全长1635厘米，宽30.4厘米，共绘有单体及组合像134幅，有人物七百多人。此外，还绘有山水、树木、舟楫、庭院、池台及狮、象、鹿、马、龙、凤、犬等。绘画技术精湛娴熟，

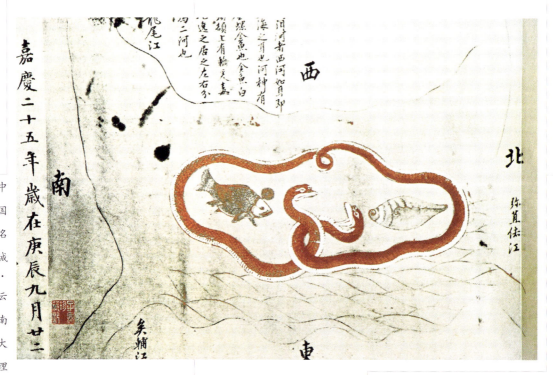

中国名成·云南大理

用色讲究，画面金碧辉煌，有唐代绘画遗风。卷首有清乾隆皇帝题词。画卷题材以反映佛教故事为主，兼以反映大理国外事活动。内容大致为蛮王礼佛图、四金刚护法、八大龙王、十六观世音菩萨、五佛会图、维摩经变、四大菩萨等。《张胜温画卷》反映了佛教在南诏（唐代）、大理国（宋代）时期十分兴盛的历史，是研究当时云南大理崇奉密宗的历史和文化艺术的珍贵资料。此画原卷现藏于台北故宫博物院。

2
―――
3

1

1.《南诏图传·两蛇交合图》（唐代）

2.《张胜温画卷·十六大国王众》

3.《南诏图传·祭柱图》（唐代）

杨黼《山花碑》

杨黼（1370~1450）字桂楼，号存诚道人，大理喜洲向阳溪人，是明代万历年间著名的白族学者、诗人和书画家，先祖为大理国重臣。

杨黼一生不求功名，终身隐逸，《明史·隐逸传》中载有他的传记，称他"好学，读五经皆百遍，工篆籀，好释典。或劝其应举，笑曰：'不理性命，理外物？'庭前有大桂树，缚板树上，题曰'桂楼'，偃仰其中，歌诗自得；躬耕数亩供甘脆，但求亲悦，不顾余也。注《孝经》数万言，引证群书，极谈性命……父母殁，为佣营葬毕，入鸡足，栖罗汉壁石窟杉十余年，寿至八十，子孙迎归。"

杨黼的代表作《词记山花·咏苍洱境》（即山花碑），碑文用白文写成，故又叫白文碑。碑中赞美苍洱风光名胜，抒发个人思想情感，情景交融，在白族文学史上占有重要的地位。

《词记山花·咏苍洱境》于明景泰元年孟春（1450）立碑，原立在大理县喜洲庆洞庄西南圣元寺的观音殿内。

自立碑至今已有五百多年历史。碑高120厘米、宽55厘米、厚18厘米，系大理石雕刻而成，全诗含标题计528字，今存于大理市文化宫。

此碑属云南省重点保护文物之一。

南诏奉圣乐

南诏时期，白族首领张仁果的后代张洪纲因擅长音乐，被选派陪王子凤迦异到长安深造。张洪纲创作的乐曲《碧荷仙》在长安演奏时曾引起轰动，他学业期满回南诏后，为南诏仿唐制设九爽，被南诏王封赐为"慈爽"（专管礼乐的大臣）。唐贞元九年(793)，苍山会盟之后，在唐剑南西川节度使韦皋的授意下，南诏为了进一步对唐王朝示好，特命张洪纲编创《南诏奉圣乐》。贞元十六年(800)，南诏派出阵容庞大的乐舞队进长安演出，又一次轰动了京师。后来，这部奉圣乐成为唐王朝著名的 14 部宫廷乐舞之一。

据《新唐书·南诏传》记载，《南诏奉圣乐》的主旋律"用正律黄钟之均"，用意是"宫、征一变，象西南顺也；角、羽终变，象戎夷革心也"。舞蹈及歌唱演员共 64 人，舞人的动作主要围绕"南诏奉圣乐"这五个字进行编排，即让他们变化队形分别组成"南诏奉圣乐"五字，每一个字都有一套舞蹈动作，依次变化，叫做"字舞"。边舞边歌，每舞一字都配有相应的歌词，依次是：舞"南"字时歌《圣主无为化》，舞"诏"字时歌《南诏朝天乐》；舞"奉"字时歌《海宇修文化》；舞"圣"字时歌《雨露覃无外》；舞"乐"字时歌《辟土丁零塞》。其间又穿插着"执羽稽首，以象朝觐"；"北面跪歌"、"恭揖，以明奉圣"等动作。字舞毕，以十六人舞《辟四门》之舞。又以"一人舞《亿万寿》之舞，歌《天南滇越俗》四章，歌舞七至六成而终。七者，火之成数，象天子南面生成之恩。六者，坤数，象西南向化"。

从《南诏奉圣乐》的内容来看，它不仅代表了唐代云南民族乐舞的最高水平，具有极高的艺术价值，同时更通过艺术形式表达诚心归唐的政治意图，其政治作用远高于艺术价值，堪称我国古代文化艺术外交的成功典范。

白剧

洞经音乐

　　洞经音乐源于道教的"谈经"，历史悠久，其内涵随着时空迁移不断演变。大理洞经音乐大概形成于元末明初。大理儒释道兼容的氛围为洞经音乐在大理的发展提供了很好的条件，历代知识分子为弘扬洞经音乐做了许多工作。据传明代谪居大理的状元杨慎还出任过下关三元会的客座上座师。

　　洞经音乐，在诵经时同步进行，经书有道经、佛经、儒经等三种，洞经曲谱有 13 个，轮流弹奏。腔调有九板十三腔。调门有六五调、龙鱼调、上香调、扫殿调等。弹演洞经时，

有笛子、锣、鼓、二胡、三弦、铙、铃子、磬、锤、照面铛、古筝等乐器伴奏,集拉、唱、弹、奏、吹、诵为一体,场面宏伟壮观。

　　传说南诏时张洪纲创作的《沐天恩》、《敬酒乐》、《上乐歌》、《朝天乐》、《金蟾戏月》、《听松清》等二十多首乐曲被唐王赏识,将其赐予道教,纳入古洞经音乐的"南中雅乐"。这些南诏的非洞经曲牌送到长安后,又作为宫廷赐予的洞经音乐传回到了南诏,其真伪值得研究。

大本曲

大本曲，是白族人民中流传最广、最为劳动群众喜爱的一种说唱艺术。它是由白族民歌发展而来，通常用汉字白语写成曲本，句法主要是"三七一五"句式，即"山花体"式。

曲调有三腔、九板、十八调。

三腔，实际是指大理城以南、以北和海东，三个不同地区的流派。

九板，是指平板（或叫正板）、高腔、脆板、大哭板、小哭板、大哭赶板、边板、提水板、阴阳板等九个主要唱腔。

十八调是指"道情调"、"花谱调"、"家谱调"、"琵琶词调"、"放羊调"、"思乡调"等有调名的曲调。

每个曲本因内容和题材不同，所选板调也不相同。通常是由一人坐唱，一人以三弦伴奏。男女老幼团团围坐，聚精会神地听唱。

大本曲传统曲目有《白王的故事》、《火烧磨房》、《观音得道》、《梁山伯与祝英台》等。大理著名的大本曲传人有杨汉、杨益、黑明星、李明璋等。

白族调

白族调，又叫"白曲"，是白族音乐风格特别浓厚的那些民歌的总称。白族调有大理、剑川、洱源三个基本流行区。这些地区白族调歌词差不多，基本上以"三七七五"（一个三字句，两个七字句，一个五字句）和"七七七五"（三个七字句，一个五字句）两个诗段组成，然而在音乐风格和音乐形式上却迥然不同。

大理调流行在大理地区。它的内容大都是以男女之间爱情生活为主的。大理调普遍流行的格式是"三七七五"和"七七七五"。歌词只有七句，但唱起来是八句。歌词的第一句叫"歌头"，常用"花上花"、"花一朵"、"真的呢"等起头。在歌词第一句和第二句之间有较长的间歇，第三、四句一气呵成，最后有一尾声"啊咦呦"或"啊咦呦荷嘿、嘿"。

大理调用宫调式。旋律中充满三度、四度、五度、八度的跳进，很少级进，用得最多的是宫、角、徵三个音。大理调高亢粗犷，在田野歌唱时，相隔一二里地，都能听得清楚。

1	2	3
	4	5

1. 白族大本曲
2~5. 白族调

霸王鞭舞

南诏国时期因为开疆拓土，全民尚武，许多竞技性体育运动都含有练兵习武的元素。今天，在远离故土的湖南桑植白族的仗鼓舞和大花棍等民俗中，依然可以看到七百多年前南诏全民练武的遗风。在大理地区，大理国偏重守成，习儒拜佛悟道之风很盛，相反，尚武精神趋淡。以娱乐健身为主的霸王鞭舞很可能是南诏时期有练兵习武元素的仗鼓舞和大花棍习俗演变而来的。

霸王鞭、八角鼓舞多在喜庆节日和传统节日三月街、绕三灵时举行，男女各为双数，男者以八角鼓（八方八角鼓，单面蒙皮，边缘嵌着铜钱和铜铃）或双飞燕（竹板两副，上系彩带，左右手各执一副）为道具，女者以霸王鞭（长一米左右的竹棍，两头嵌入用铁丝穿着的铜钱数枚，竹棍上有纸花，舞时发出响声）为道具，同台演出。舞蹈时，步伐、队形、花样很多，种类有"一条街"、"打四门"、"五梅花"、"金鸡打架"、"二龙抢宝"、"背合背"、"心合心"、"脚钩脚"等。表演时，男女交错，旋转对舞，演员随着霸王鞭、八角鼓在身体各部位敲击的节奏，双膝轻轻颤动，肩、胸、腰随之晃动，并用白语唱各种小调，同时还有笛子或三弦伴奏，节奏鲜明，步伐整齐有力，气氛热烈欢快。

1
2
3
1~3.霸王鞭舞

中
国
名
城
·
云
南
大
理

中 国 名 城 · 云 南 大 理

苍洱英才

中国民间
文化遗产
抢救工程
THE PROJECT TO CHINESE
FOLK CULTURAL HERITAGES
SOS

皮逻阁

　　皮逻阁（？~748），蒙舍诏第五代诏主，也是南诏国第一代国王——盛逻皮之子。728年，盛逻皮病逝，皮逻阁继位，大败东洱海蛮，设河东州。唐玄宗封皮逻阁为台登郡王。

　　当时南诏实力最强，欲一统六诏，唐朝为减轻与吐蕃接壤的边患，支持南诏统一各部落。737年，唐朝派御史严正诲协助南诏攻下石和城、石桥城，占太和、袭大釐逐河蛮。

　　开元二十六年（738），皮逻阁在唐王朝支持下陆续兼并五诏。唐王朝为皮逻阁晋爵云南王，赐名蒙归义。皮逻阁以西洱河（洱海）地区为基地建立南诏国，次年迁都太和城（今大理）。748年，皮逻阁去世，唐朝立其子阁罗凤为云南王。

阁罗凤（712~779）在大理历史上是一位非常著名的人物，皮逻阁的长子，是南诏国的缔造者之一。开元二十六年（738），皮逻阁为了统一洱海地区，令其统兵出征，屡建战功，代父监国，政声斐然。唐朝授其右领军卫大将军，兼阳瓜州刺史。开元二十七年（739），邓赕、施浪、浪穹三诏联合反扑，皮逻阁大破三诏，唐朝升其为左领军卫大将军，又拜为都知兵马大将军。开元二十八年（740），阁罗凤进攻越析诏残部，又立大功，唐朝加封为"上柱国"。

公元 748~779 年，阁罗凤在位，取姚州及附近夷州 33 处，合并东爨和西爨，完成云南各部的统一。他尊重汉文化，以汉文教授贵族子弟。天宝十年（751），击败鲜于仲通于西洱河，与唐绝交，归吐蕃。天宝十三年（754），击败李宓十万大军于洱海地区。广德二年（764），修筑羊苴咩城，同时修筑龙尾城。永泰元年（765），令子凤伽异筑拓东城（今昆明）。大历元年（766）立《南诏德化碑》于太和城（今大理太和村），碑文内容既有群臣歌颂阁罗凤的文治武功，又阐明不得已叛唐之故，表现出治国理政的卓越智慧和亲仁善邻的远见卓识，堪称南诏时期杰出的政治家、军事家、战略家。

公元 779 年，阁罗凤卒，谥神武王。

异牟寻

异牟寻（754~808），阁罗凤之孙，凤伽异之子，南诏第三代国王，779年至808年在位。

779年，阁罗凤去世，异牟寻即位。当年十月，异牟寻联合吐蕃进攻唐朝蜀地失败。异牟寻迁都羊苴咩城（今大理古城），吐蕃封异牟寻为日东王，将南诏降为属国，掠夺南诏的资源。

异牟寻不满吐蕃的欺压，在清平官郑回的推动下，重新归唐。唐贞元九年(793)，南诏异牟寻与唐朝剑南节度使韦皋夹攻吐蕃，得铁桥等十六城，设剑川节度。次年，异牟寻与唐使崔佐时在苍山神祠订立盟约。吐蕃开始衰落，南诏成为西南强国。808年，异牟寻去世，谥号孝恒王，其子寻阁劝即位。

　　段思平（893~944），大理喜睑（今喜洲）人，大理国的缔造者。其家族世代为南诏武将，父为段宝龙。段思平因为累积军功而升任为大义宁通海节度使。杨干贞夺赵善政之位，忌段思平才干，千方百计追杀段思平。段思平向东方的"黑爨三十七部蛮"借兵，在其弟段思良和军师董迦罗等人帮助下，讨伐杨干贞。937年，灭大义宁，建立大理国，建元文德，仍都大理。天福三年封董迦罗为相国，封高方为岳侯。死后谥号神圣文武帝，庙号太祖。

　　段思平建立大理国后，厉行改革，发展生产，重视文化。他和他的继任者主动与宋朝友好往来，大理国的生产、经济、文化得到了很大的发展。944年，段思平去世，其子段思英继位。大理国（包括后理）传22世，达三百余年。至元代忽必烈灭大理国后，鉴于段氏的力量强大，仍命段氏为大理总管，继续统治大理地区达百余年。

　　段思平开国前后，由于提出了一系列减轻人民赋税徭役等措施，深得当时各部落各部族的拥护，对发展大理国的生产力有一定的推动作用。为此，有关他的传说故事很多，有相当一部分传说已把他高度美化，进而神化，洱源凤羽庄上登村还把他奉为本主。

段功

　　段功为元代大理路军民总管府第九代总管，大理国皇族段氏后裔。因帮助梁王击退入滇的四川明玉珍起义军部将明二的进攻，升任云南行省平章政事，梁王以女阿盖妻之。至正二十七年（1367）被梁王杀害于昆明，归葬于大理崇圣寺后。

　　段功墓位于崇圣寺三塔西，东距千寻塔350米，明代以后地方志称段平章墓，原为圆形土丘，直径8米，高2米，上立石幢，崇圣寺重建时被迁。

李元阳

李元阳（1497~1580）字仁甫，号中溪，别号逸民，明代大理府太和县人，白族。明代云南著名的政治家、文学家和史学家。他在江苏做官，外抗倭寇，内抚黎民。书联"顾名而不顾民，良心何在；催税却忘催耕，暴政频施"以自勉。离任时，当地百姓"流涕遮道百余里"，建生祠，还勒碑"述善事百余事"。

李元阳是明朝一代宰相张居正的老师，张居正对他非常尊敬，称他为恩师。但张居正当了宰相后，李元阳从不去找他，为时人所推崇。

嘉靖二十年辛丑（1541），李元阳借奔父丧，弃官回乡，从此隐居大理四十年，未再出仕。他学识渊博，对文学、哲学、天文、地理、兵法均有研究，其著述甚丰。他寄情于苍山洱水之间，与杨士云、杨慎、张含、李挚等文化名流诗文唱和，其诗文集有《艳雪台诗》、《中溪漫稿》，理学著作有《心性图说》，并在晚年编纂了嘉靖《大理府志》和万历《云南通志》。自号觉林道人，手抄《大方广佛华经卷》存世，是集儒、释、道思想为一身的硕儒。由于他在哲学、史学、文学、书法、教育诸方面的突出成就，被誉为"史上白族第一文人"。

万历八年（1580）病逝于家中，享年84岁。

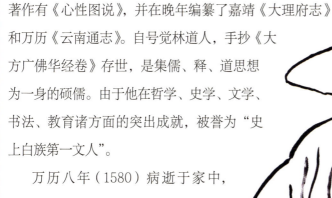

中国名城·云南大理

马骧

马骧（1876~1922），字幼伯，云南省大理市下关镇人。汉族，清光绪年间廪生。早年从事革命活动，为辛亥革命云南光复三杰之一。1907年加入孙中山先生领导的同盟会，在大理组织同盟会小组，积极准备起义工作，参加了云南"九九"起义。在护国运动中，为护国军军法处处长，后任云南民军总司令。1922年军阀唐继尧占据云南，反对孙中山先生的国民革命政府，马骧组织"云南自治讨贼军"，声讨军阀唐继尧，在声讨军阀唐继尧的斗争中不幸被捕，被害于昆明。孙中山称他是"国民党中不可多得的名士"。著有《致李印泉书》、《大元帅府参议官兼宁远各属慰问使马幼伯谨上书》等。1987年云南省人民政府追认马骧为革命烈士。

张耀曾

张耀曾 (1885~1938)，号镕西，笔名崇实，大理喜洲镇人，白族。辛亥革命先驱、法学学者，出身于书香世家。

张耀曾自幼好学，1903 年入北京师范大学，时年 18 岁，因成绩优秀，后官费选送日本东京帝国大学学法学。在孙中山民主革命思想影响下，投身革命，在东京加入同盟会，和云南青年李根源、赵坤等创办革命刊物《云南》杂志，担任总编辑。他撰写了《论云南人之责任》等许多革命文章，鼓励云南留日学生积极参加民主革命。

1911 年，回国参加辛亥革命，在南京任孙中山秘书，曾以西南代表资格为临时参议会议员，同时担任同盟会总干事。

1912 年，任南京临时政府"临时约法"起草委员会委员，帮助孙中山起草《中华民国临时约法》。同年同盟会改组为国民党，任总干事兼政务研究会主任。从 1913 年起，历任众议院议员、众议院法制委员长、云南都督府参议，北京大学法科教授等职，参加起草《宪法》《天坛宪法》(草案)等法规文件，被誉为"中国近代法学奠基人之一"。辛亥革命后曾一度出任国民政府总理。抗日战争时期，留居危城北京，他声明"不做官、不卖国、不见日本人"，表现出高尚的民族气节。

张耀曾主编的《云南》杂志

1		4
	2	
	3	

1. 马骧
2. 孙中山先生赠给马骧的相片
3. 张耀曾主编的《云南》杂志
4. 张耀曾

中国名城·云南大理

杨杰

杨杰（1889~1949），白族，字耿光，大理人，民国时期著名军事战略家，陆军上将。

他出身于滇军。早年毕业于日本陆军大学，参加同盟会。回国后曾任国民革命军第十七师师长、国民革命军总司令部参谋长、陆军大学校长和驻苏联大使等。

他的《国防新论》《军事与国防》《大军统帅学》和《战争要诀》是二十世纪三四十年代中国每一个想成为高级军官之人的必备读物。

在上百万字的军事巨著中，他主张现代战争已经从武装人员的对抗扩展到全体人民的对抗，只有扎根于人民的战争才能立于不败之地；文化的征服，是一种视之无形，听之无声的思想占领，强调国防中的文化建设，为国内外军界所推崇。

1944年任中国军事代表团团长赴英美考察军事设施。

為中國人民政協代表楊杰將軍遇害

致 中國國民黨革命委員會、楊杰將軍家屬 唁電

中國人民政治協商會議第一屆全體會議籌備的第一天，通過了中國共產黨代表團的臨時動議，由中國人民政協主席團以大會名義，向中國國民黨革命委員會和楊杰將軍的家屬，對中國人民政協代表楊杰將軍被國民黨匪幫暗殺事致電弔唁。兩電分錄如次：

（一）致中國國民黨革命委員會唁電

中國國民黨革命委員會公鑒：

驚聞楊杰將軍在由滇經港來平出席中國人民政治協商會議的途中，慘遭國民黨匪幫幫用最卑劣的手段加以暗殺悼！楊杰將軍多年來為民主事業奮鬥，久為反動派所深忌，於今竟遭慘禍；本會議全體同人，除一致決議向貴會表示哀悼外，深信楊將軍的死，將會更加激勵全國人民，一致努力，把革命進行到底，徹底消滅國民黨反動派及其主子美帝國主義在中國的最後殘餘統治，建設嶄新的中國，以慰先烈，而安生者。謹電致唁！

中國人民政治協商會議第一屆全體會議申馬

（二）致楊杰將軍家屬唁電

楊杰將軍家屬禮鑒：

驚聞楊杰將軍慘遭國民黨反動派殺害，不勝悲憤。尚望節哀，為人民事業努力奮鬥。謹此電唁！

中國人民政治協商會議第一屆全體會議申馬

云南远征军反攻的时候，他正好在大理家乡省亲，卫立煌等亲自登门拜访求教军事战略战术。

解放战争期间，杨杰参加了反内战爱国活动。

1949年被邀为中国人民政治协商会议第一届全体会议代表，未及参加会议，在香港被蒋介石特务暗杀。

1 | 3
2 |

1. 杨杰将军
2. 唁电
3. 护国战争时期的杨杰将军

周保中

周保中，原名奚李元，1902年生，白族，大理湾桥人，抗日民族英雄。早年毕业于云南陆军讲武学校，曾在滇军和国民革命军中服役。1927年7月加入中国共产党。1928年受中共中央派遣赴苏联莫斯科，先后入东方劳动者共产主义大学和国际列宁学院学习。

"九一八"事变后回国，任中共满洲省委军委书记，组织领导抗日武装斗争直至抗战胜利。1935年后历任东北反日联合军第五军军长、东北抗日联军第五军军长，领导创建绥宁抗日游击根据地，指挥大盘道、前刁翎、依兰城等战斗。

1937年10月起先后任东北抗日联军第二路军总指挥、中共吉东省委书记。

1938年初，为打破日伪军六万余人对佳木斯地区的"讨伐"，组织指挥第二路军主力从依兰地区向五常地区西征，亲率留守部队多次挫败日伪军。

1939年春，针对日伪军军事"讨伐"、经济封锁和政治诱降的严峻形势，主持召开中共吉东省委扩大会议，他坚定地说："临到革命者牺牲的关头，就应该慷慨就义。我们要决心用自己的鲜血来浇灌被压迫民族解放之花。"随即整顿部队，调整部署，指挥各军分路突出重围。

中国名城·云南大理

1940 年在抗联部队遭受严重挫折、与中共中央失去联系的情况下，继续组织开展小分队游击活动。

1942 年 8 月任东北抗联教导旅旅长，坚定不移地率部继续坚持战斗。

1945 年 8 月率部配合苏联红军进军东北和接应八路军、新四军调赴东北的部队，曾获苏联授予的"红旗"勋章。

解放战争时期，历任东北人民自卫军总司令兼政治委员、东北民主联军副总司令兼东满军区司令员、吉林省人民政府主席、东北军区副司令员兼吉林军区司令员，参与领导东北解放战争。

中华人民共和国成立后，曾任云南省人民政府副主席、西南军政委员会政法委员会主任兼民政部长等职。1950 年，周保中先后担任昆明市军管会副主任、云南省军政委员会副主任、省人民政府副主席等职。

1955 年被授予一级八一勋章、一级独立自由勋章和一级解放勋章。

1964 年 2 月 22 日，周保中因心脏病突发在北京逝世，终年 62 岁。

1	4
2	3

1. 周保中将军
2~3. 周保中将军委任书
4. 周保中将军与金日成家人合影

杨汉

杨汉（1894~1984）男，白族，大本曲艺人，大理市大理镇大庄村人。

杨汉自幼饱受苦难，以种庄稼为业，兼以弹唱白族说唱艺术"大本曲"演述故事为生。在长期的演唱和创作过程中，他积累了丰富的经验，他对大本曲南腔"九板三腔十八调"无不通晓。他根据白族民间故事创作了不少大本曲，如《火烧松明楼》《望夫云》《柳荫记》《磨房记》等，不下一百种，同时还培养了一批高徒。

杨汉生前曾任大理白族自治州曲艺家协会名誉理事长、云南省文联委员、大理州人大代表、云南省政协委员等。

王希季，1921年7月26日生，白族，教授，大理市上末人，中国著名的航天技术专家，中共党员，中国科学院院士，著名空间返回技术专家。

1942年毕业于西南联合大学机械工程系。1948年赴美国弗吉尼亚理工学院研究院留学，获硕士学位。1950年回国，先后在大连工学院、上海交通大学、上海科技大学任副教授、教授。1965年后，历任七机部第五研究院副院长、科委主任，航天工业部总工程师等职。

王希季是我国早期从事火箭技术研究的组织者之一，是我国第一枚液体燃料火箭及其后的气象火箭、生物火箭和高空试验火箭的技术负责人，倡导并参与发展无控制火箭技术和回收技术两门新的学科。

王希季院士授勋后留影

他创造性地把我国探空火箭技术和导弹技术结合起来，提出我国第一枚卫星运载火箭的技术方案。主持"长征一号"运载火箭和核试验取样系列火箭的研制。作为返回式卫星的总设计师，负责制定出立足国内技术和工业基础而又能达到国际先进水平的研制方案。在他主持下大量采用新技术并突破一系列技术关键，使卫星增强了功能，延长了寿命，使我国卫星返回技术达到国际先进水平，成为世界仅有的掌握此项高技术的三个国家之一。

1982年荣立航天部一等功，1985年和1990年各获一项国家科技进步奖特等奖，1987年获国家科技进步奖二等奖。他曾作为项目的主要完成人之一获两项国家科技进步奖特等奖；获何梁何利基金科技进步奖，1999年荣获"两弹一星"功勋奖章。

宗教信仰

大理古有妙香国之称。据文献记载，唐南诏时佛教在大理地区已颇为盛行，宋大理国时期达到顶峰。南诏、大理国统治者采取"以儒治国，以佛、道治心"的策略，用以巩固政权。大理国22代国王中，有九人出家当和尚。元郭松年在《大理行记》中说："此邦之人西去天竺为近，其俗多尚浮屠法，家无贫富，皆有佛堂，人不以老壮，手不释数珠，一岁之中，斋戒几半。绝不茹荤饮酒，至斋乃已。沿山寺宇极多，不可殚记"。李京《云南志略》一书中记述了白族尊师崇佛，那些既通佛经又读儒书的"师僧"地位极高，"段氏而上，有国家者设科选士皆出此辈"。佛教作为大理民族文化的组成部分，对促进民族地区思想文化、建筑雕塑、音乐美术的丰富和发展；对稳定社会秩序，协调人际关系，劝人乐善好施，珍惜生命，爱护自然等方面起过一定的积极作用。

澳大利亚人类学家C.P.费茨杰拉德在他的《五华楼》一书中写道：

对于民家来说，信佛教就是拜菩萨，菩萨被视为神，有特殊的作用。例如观音菩萨，她被视为妇女和渔夫的保护神；阎王，地狱的统治者，崇拜和信奉他是为了释放被关在地狱里的灵魂。……对于民家来说，信仰佛教就是对观音的崇拜，观音在民家心目中的地位远比如来高。因此，佛教唯一盛大的节日莫过于在农历二月十九日（阳历是3月31日前后）南门外寺庙里举办的观音会。

在大理，除儒、释、道、本主受到普遍尊崇外，随后传入的伊斯兰教、基督教、天主教也一样受到尊重，这种文化现象极具世界意义。

本主信仰

本主会

本主，是白族人民奉祀的民族神，本主者，本境之主也。在佛教、道教传入白族地区之前，本主崇拜，是白族的唯一宗教信仰。佛教、道教传入白族地区以后，善于兼收并蓄的白族人民，巧妙地将佛教、道教融入本主崇拜而独树一帜。

"本主"，白语叫"武增"，即我们的主人，也称"朵薄、朵姆"或"劳谷、劳泰"，意为"大爷、大妈"或"祖父、

接本主

祖母"。在彝族、白族杂居地区，也称"土主"。这些称呼，有祖先崇拜的含义，但不完全是祖先崇拜。从各种供奉的神灵看，有自然神、图腾神、英雄神、世俗神等，它既具有自然崇拜、鬼魂崇拜和祖先崇拜的原始宗教因素，又掺杂着佛教、道教、儒教的内容，形成本主教。本主教是与儒、释、道信仰并行不悖的一种宗教信仰，这是一种特殊的文化现象，是白族相异于其他民族的一种特殊信仰。

白族本主起源于何时，目前因资料缺乏，尚难确切断定。见诸文字记载的有清胡蔚本《南诏野史》："高宗显庆二年（657）凤鸣于浪穹，罗浮山乃改名凤羽山，封十二圣贤为十二山神。"王崧本《南诏野史》亦有类似记载："蒙氏平地方，封嶽渎，以神明天子为国步主，封十七贤，五十七山神"。但从至今流传在民间的大量口头文学中，关于白族本主起源可以上溯到远古社会。

在白族本主崇拜中，值得注意的是，除南诏、大理国的

抬本主

中国名城·云南大理

国王、清平官、大军将等大量挤进本主行列外，还有汉族统治阶级用兵大理地区的文臣武将，如诸葛亮、李宓、李定国等。

白族经济和文化都比较发达，究其原因就是因为白族善于学习和吸收其他民族的先进文化。这种兼收并蓄的文化特点，在白族本主信仰中的反映更为突出。在西南各民族中，白族是接受汉文化较早的民族之一。正如《新唐书·南诏传》和《南诏德化碑》所载："人知礼乐，本唐风化"，"子弟朝不绝于书，进献府无余月"。统治中华民族几千年的儒家思想在白族中影响很深。

在白族本主崇拜中，通常都是"巫佛一家、密（教）本（主）合一"。许多信仰本主的善男信女是阿叱力教组织"莲池会"、"洞经会"的骨干，是阿叱力教"坛"、"会"的首领，同时又是祭祀本主、迎送本主的组织者。由于他们都有较高的文化修养，祭祀本主的表、诰、疏、经都要礼请他们代写、代奏、代焚化。据说只有他们的参与，本主才会享祭，祭祀才能灵验。

白族本主庙一般建在离村寨数百米左右的山地上。前临绿水，背靠丛山，面朝本村，个别也有盖在村寨中的。地势高，向阳，周围宽敞空旷，松柏掩蔽，环境幽美，一年四季香火不断，尤其以农历正、二月和六、八月为最。

本主庙采用白族传统的土木建筑。前戏台，后大殿，左右为厢房。庙内大殿专供本主。也有与道观、龙王庙或观音阁合建的。这种大庙通常都是三合院、四合院的格局。戏台和大殿门造型结构特别讲究。戏台雕龙画凤，面朝大殿。白族的能工巧匠把自己的艺术才能都倾注在大殿和戏台的建筑上。大殿的廊柱上刻着各种楹联，有的颂扬本主功德，有的追思本主业绩，有的渴求本主赐福，不一而足。

　　供奉在本主庙中的本主神祇很多，通常在主殿中供奉本主老爷以及本主的亲属，有的两三尊，有的多达数十尊。厢房中供奉六畜大王，专管六畜平安；子孙娘娘，专司男女生育；痘儿哥哥，管小孩天花和麻疹。有的本主庙中还供奉卫房圣母、牧羊人、护稼神、吃素神。对吃素神祭祀时，禁用荤腥。本主庙门口有门神护卫，如泥马、石猪等。

　　白族本主在白族人民生活中占有重要的地位。大型的祭祀活动，通常一年两次，一次是农历六月，家家都要到本主庙祭祀，俗称"送平安子"，主要是祈求合家欢乐、无病无灾、一年平安；一次是正月本主节迎送本主。此外，人们结婚、生小孩、盖房、远出或归来、新生儿取名、上门

的新姑爷改名，都要到本主庙祭祀。如有人久病不愈，也
要到本主庙祈祷、招魂。

　　正月迎本主节通常由本主辖区村寨集资举办，以当年
家中添了男孩的家庭承头，由本村中有影响的士绅、族长、
朵兮薄负责组织。在迎送本主盛会期间，全村杀猪羊，男
女老少身穿节日盛装，全村还要耍狮灯、龙灯、踩马，请
客唱戏、唢呐高奏、锣鼓齐鸣。连本村嫁到外地的姑娘都
要回来过节。接本主时，各村风俗也不尽相同，有的村让
本主坐轿，有的村让本主骑马，有的村让本主坐船，有的
村则全用汉子背，有的村则用拖车拉……这村接，那村送，
热闹非常。

1	3
2	4

1. 周城本主节
2. 青山本主节
3. 仁里本主节
4. 挖色官邑村本主节

神都与五百神王

"神都"位于大理喜洲镇庆洞村西面，距离古城约二十公里，是这一带最典型而且很有名气的白族本主庙，老百姓称它是中央皇帝庙或"建国神宫"，称庙里最大的本主神为"五百神王"。现存的本主庙是光绪十一年(1885)重建的，东向，正殿三间，南厢房三间，门楼三间，原来门前还有木牌坊一座，上悬"神都"匾额一块，两边有楹联：本是为民祈雨泽，主乎斯土享馨香。

"五百神王"是"神都"的主人。老百姓称他是中央皇帝，统率着周围71个村庄的本主，他的神号是"灵镇五峰建国皇帝"。传说他是南诏功臣，做过清平官，又是大理国王族段氏的远祖，名叫段宗榜。他因为奉南诏国王劝丰佑的派遣，应缅甸国王的请求，率兵打败了入侵的狮子国部队，被南

中
国
名
城
·
云
南
大
理

诏封为十八功臣之一。被誉为白族的"狂欢节"——大理有名的"绕三灵"，就是以"神都"为中心展开的。每逢农历四月二十三日至二十五日，洱海周围上百个村庄的男女老少都要浓妆艳抹，排成长蛇阵，边唱边舞绕到洱海边的金圭寺和马久邑本主庙，二十四日到达神都。人们在庙前通宵达旦地狂舞或对歌，祈求风调雨顺、人寿年丰。

　　白族是一个喜欢近水居住，从事水稻农耕的民族，水资源的分配自然成了村寨之间关系的重要组成部分。传说中央皇帝段宗榜有权行云布雨。有一年，马久邑干旱，马久邑本主心急如焚，但自己官卑职小，没有能力行云布雨。他十分虔诚地去请求中央皇帝段宗榜帮忙。古道热肠的段宗榜慨然应允。为感谢段宗榜，马久邑村每年都要十分隆重地邀请段宗榜到马久邑住上一段时间。撩开传说的神秘面纱，这本身就是一幅古代白族的农耕画卷。

将军庙

　　坐落在苍山十九峰最南峰——斜阳峰东麓的"将军洞"本主庙，里面供奉的是唐朝征南败将李宓。史载：唐天宝

2

1

1. 大理喜洲中央本主庙——神都
2. 神都内供奉的五百神王中央本主

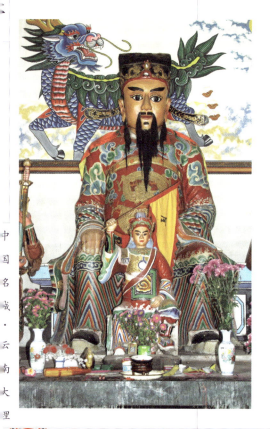

十三年（754），云南郡都督兼侍御使李宓奉命征讨南诏，阁罗凤联络北边的吐蕃奋起抵抗，结果李宓二十万人弃之死地，只轮不返。阁罗凤不愿把事做绝，下诏说："生虽祸之始，死乃怨之终，岂顾前非而忘大礼。遂收亡将等部，祭而葬之，以存恩旧。"前述的"万人冢"就是说的这件事。有的还被奉为本主，败将李宓便是。李宓被奉为本主后，迄今下关地区的城乡居民常去祭祀，身着白族服装的白族老妈妈念着亦白亦汉的经文、祝辞，这种文化现象值得深思。

民间还传说，李宓将军夫人病故后，李宓将军又到上关女本主家上门，所以他经常往返于上关与下关之间。

这哪是神界，简直就是活灵活现的人间。

中国名城·云南大里

猎神杜朝选

在苍山脚下，有一个被称为中国扎染之乡的历史文化名村——周城。通常白族村寨都是一村供奉一位本主，周城村却在村子南北各供奉着一位本主。村南本主赵木郎是祖先崇拜，村北本主杜朝选是英雄崇拜。

相传古时，周城村背后的霞移溪出了一条巨蟒，白日里都敢出来吞食人畜，附近居民苦不堪言。巨蟒还将周城村两位姑娘摄进山洞，村民们更加惊惶了。大家非常希望能有一位英雄为民除害。

杜朝选是一位猎人，经常在苍山上打猎，打死了许多毒蛇猛兽。他也常去海东。在海东久了，他思念家乡，就从海东坐船回到海西继续在苍山中寻找猎物。在周城村民的帮助下，杜朝选经过与巨蟒你死我活的激烈搏斗，终于杀死巨蟒，解救了周城的两位姑娘，为附近村民除了大害。

周城村民为了纪念杜朝选，在他死了以后，把他奉为猎神，还在本主庙内塑了他的像，背着弩弓、长箭，手中拿着折断了的宝剑手柄；人们还把霞移溪中的大石叫做娘娘洗衣石。还有蟒蛇洞口的石头，每到下雨的时候，就会现出红色，传说是蟒血。

1	
2	3

1. 将军庙
2. 李宓将军本主像
3. 周城本主猎神杜朝选

中国名城·云南大理

郑回

　　大理西门本主是南诏清平官郑回，他生前为国为民做了许多好事，在他死后白族人民为纪念他奉他为本主。

　　郑回是唐朝相州（今河南安阳）人，玄宗天宝中举明经，天宝年间(742～756)为西泸（今四川西昌）县令。公元757年，南诏攻陷巂州，郑回被俘，改名郑蛮利。阁罗凤早就听说他是一位不可多得的清官，学问又好，就聘请他教自己子孙汉文经史。异牟寻即位后，任命他为首席清平官。在当时六位清平官中，异牟寻对他言听计从。他积极推进唐、南友好，主张在各个方面仿效唐朝，促使南诏与唐恢复友好关系。他还亲自起草了《南诏德化碑》，在碑文中清楚表明了南诏愿与唐恢复友好关系的愿望。德宗贞元年间，劝南诏与唐修好，公元794年，南诏与唐盟誓于点苍山神祠，重修旧好。

朵兮薄

　　朵兮薄，也叫"舍波"。有的地方对男性叫"舍之"，女性叫"舍囡"。朵兮薄是上通神界，下通人世，是神与人之间或口传或心授的沟通者。与汉族的端公、彝族的毕摩、纳西族的东巴、北方民族的萨满相类似，其实就是巫师。原始宗教与巫术是分不开的。巫师就是施行巫术的神职人员。此种巫师，汉代叫"耆老"。唐南诏叫"鬼主"。唐樊绰《蛮书》说："大部落则有大鬼主。百家二百家小部落，亦有小鬼主。"那个时候，鬼主既是部落酋长，又是宗教领袖，是人神皆通的人物。南诏时期在南诏宫廷中还设有"鬼主"的官职，专司占卜仪式和对大小"鬼主"的管理。道教在白族地区兴起后，朵兮薄在道教的影响下，已发展成巫教与道教合二为一。大理白族有个传说，说朵兮薄的祖师爷是"白骨真人"，他原是太上老君的徒弟，因气死而化白骨，幸被太上老君喷水救活，后秉承师父之命，做了朵兮薄。据史书记载，明代大理府就设有"朵兮薄道纪司"，太和县设有"朵兮薄道会司"，专管朵兮薄及本主教事务。简而言之，朵兮薄是本主文化的媒介，是本主文化的继承者、保存者和传播者。直到现在，在各地祭祀本主的祭典中，朵兮薄在迎送本主、跳神祭祀方面，仍然扮演着很重要的角色。

　　朵兮薄通常是世袭的，也有师徒相传的，无教经，传承方式几乎是口耳传授。朵兮薄有男有女，男巫师白语称为"兮薄"或"史薄"；女巫师为"史由"。男女巫师家中均设有供奉祖师的"香火坛"。

　　朵兮薄都是兼职的，平时从事生产劳动，逢四时八节迎神赛会，参与各种祭祀活动。祭祀时常用的法器有羊皮封、羊皮鼓、鼓槌、锣、锣锤、法铃、师刀、草鞋、甲马纸、咒符等。朵兮薄根据不同场合和对象使用不同的法器，做不同的巫术。作法时，常手舞足蹈，既跳又唱，可以通宵达旦。

其他宗教信仰

白族对外来文化，既兼容并蓄、博采众长，又保持自己的风格，按照白族的道德观念予以解释，认为"三教本同源，儒释道任谁行深般若，无非孝悌忠信；万法原归宗，智仁勇若登摩阿波罗，且从感应慈悲"。但白族地区的寺庙塔幢，与影响白族地区佛教文化的印度、西藏风格各异，与中原地区也是形似而实非，寺观都是典型的白族建筑风格，庙内塑的佛像，尤其是观音、大黑天神已经完全白族化了。白族老妈妈诵经礼佛念唱的也是一套非白非汉的经文。

崇圣寺

崇圣寺原名崇圣三塔寺，建于唐代，在大理城西三华里处，原寺早已成为废墟。2005年4月崇圣寺大规模恢复重建竣工。

崇圣寺建筑群落占地600亩，建筑面积20080平方米，总投资1.82亿元。主轴线上依次建有大鹏金翅鸟广场、山门、护法殿、弥勒殿、十一面观音殿、大雄宝殿、阿嵯耶观音阁、

山海大观石牌坊、望海楼。中轴线两旁和次轴线上建有法物流通处、方丈堂、客堂、斋堂、罗汉堂、千佛廊、祖师殿、佛教研究院。寺内塑像以宋代大理国《张胜温画卷》、明代黎广修所塑的"五百罗汉像"和三塔出土文物为蓝本创作而成，融合了"禅宗"、"密宗"的特点，形成独特的大理雕像风格。寺内617尊（件）佛像、法器均用青铜浇铸而成，用铜千余吨，其中599尊（件）为贴金、彩绘，创全国之最。整个建筑，彩绘、雕塑风格与寺内清新秀丽的绿化美化，璀璨耀眼的灯光艺术相融合，营造出崇圣寺浓厚、庄严的佛教氛围。寺内楹联很多，仅录一联：

伟矣！具苍洱大观，到此邦才知此地；
果然！是西南名胜，非斯塔莫称斯楼。

对于要不要在已经消失的古庙遗址上重建新庙宇，历来有不同看法，仁者见仁，智者见智，让历史去考验吧。

无为寺

无为寺坐落于苍山兰峰脚下，沿南阳村侧西行约六公里可抵达，是大理著名的寺庙建筑之一，据传始建于唐朝，现存建筑为20世纪80年代复建。

相传天竺高僧赞陀崛多来到南诏国传法，南诏王阁罗凤皈依在其门下，成为佛门弟子。阁罗凤为了报答师父的恩德，提出要为赞陀崛多建造一座清修的寺院，地址就选在当年高僧在苍山隐修的兰峰下。寺院建成后，观音菩萨踏云而来，颂出偈语"有为无为，有岸无岸，身居龙渊，心达彼岸"，于是就起名为"无为寺"。

2
1 3
1. 崇圣寺
2. 无为寺存留的正德十年大钟
3. 无为寺前的古树

中国名城·云南大理

1
2
3

1. 无为寺
2. 无为寺山门
3. 无为寺庭院

这是一种说法，另一说法是"无为"二字与道教有关。

无为寺后侧有药师殿，每年大年初三，无为寺举办"药师佛"庙会。大理国段氏传位22代，9代帝王为僧，有8位帝王选择在无为寺剃度，由此可见，当时无为寺在大理国堪称皇家寺院。

根据康熙《大理府志》记载，无为寺建于明朝永乐八年（1410）。

被称为无为寺寺宝的千年香杉树仍枝繁叶茂，传说这棵古香杉是南诏王阁罗凤亲手种下的，经过无数战争洗礼，始终挺拔。这棵高近三十米、树龄大约一千三百年的香杉树，已被列入"中国稀有名贵古树"之列，算得上名副其实的大理"活宝"。除了香杉树，寺后的救疫泉也是一绝。从岩石缝中缓缓渗出的泉水，清凉而带甘甜，是大理首屈

中
国
名
城
·
云
南
大
理

一指的泉水。据传在历史上曾经无数次救了大理国：每逢瘟疫横行，大理人会来到无为寺，用救疫泉水煮寺前香杉树叶饮用，服用的人大多痊愈，因此大理国王段素隆为这口泉水立碑"救疫泉"。

历史上，无为寺一直是大理知名的习武圣地。建寺之后，无为寺历代名僧辈出。无为寺和山下的崇圣寺都有武僧，时常有摆台打擂的盛事。寺门左侧的草坪上放了一个一米多长的雪白石槽，石槽里还有个直径约五十厘米的石球，似乎向人们讲述当年无为寺的练武盛况。

中和寺

中和寺因位于苍山中和峰而得名，庙宇建在中和峰半山腰上，清朝康熙皇帝赐匾"滇云拱极"，是大理著名的道教寺观之一。中和寺始建于唐南诏国时期（738~902）。明代嘉靖年间（1522~1566）重建。清咸丰年间（1851~1861）再次被毁。现在仅存的凌霄宝殿和聚仙楼是清代光绪二十六年（1900）重修的。近年又陆续重建了王母殿、南北灵官阁和观海长廊等。

凌霄宝殿又称玉皇阁，坐西朝东，为五开间歇山顶式建筑。殿内中间供奉玉皇大帝，两侧面供观音菩萨。可惜"滇云拱极"的石匾已经被毁坏。

每年农历正月初九的道教祭祀玉皇大帝圣诞的"松花会"是中和寺最隆重的庙会。来自附近几个县市的朝山者络绎不绝，会期持续十多天，中和寺成了大理地区朝拜者较多的道观之一。除供奉道教神像，也供奉佛教神祇，这是大理地区佛教、道教与儒家思想三者合流的产物。

中和寺不但历史悠久，而且还以奇特景观而著称。在

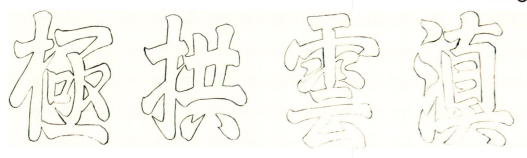

滇雲拱極

中和寺南面的山涧里有两块巨大的岩石，两块岩石相对峙，形状像石门，溪水从两块岩石中间流出来，人们形象地称之为"双石门"。据史书记载，最奇特的要数寺后的"石上流泉"了。相传，中和寺后的山坡上曾有一股很奇特的山泉，清澈的泉水从一块大石头上流出来，称之为"石上流泉"，遗憾的是今天已看不到这一奇观了。

中和寺悬挂的康熙御笔《滇云拱极》匾双构图，匾已毁于"文革"期间（此图存于大理白族自治州博物馆）

中和寺是苍山十九峰的中心山峰，亦即南诏国国王禅封的中岳点苍山的中心，寺后约百米有玉带云游路，沿路可达龙眼洞、凤眼洞、七龙女池、清碧溪等景点，东部正前方刚好是中和镇（大理古城）及洱海。特殊的地理位置成了俯瞰苍洱风光的最佳地点。登临中和寺，水天一色的洱海、星罗棋布的民居村庄、井然有序的大理古城等苍洱风光尽收眼底。每年农历九月初九的重阳节，大理一带的群众纷纷相约到中和寺参与中国传统的"登高节（会）"，欣赏苍洱秋色。寺内有历代留下的很多楹联，仅录一副于下：

巍巍十九峰前，蒙颠段踬，依旧河山，最难忘郑回残碑，阿南烈炬，状元写韵，侍御游踪，世变几兴亡，往事都随流水去；

遥遥百二里内，关锁塔标，无边风月，况更有苍山积雪，洱海奔涛，玉带晴云，金梭烟雨，楼高一眺览，此身疑在画图中。

观音塘

观音塘又名大石庵，位于大理古城南上末村，因清代曾设汛溏，故又称观音塘。观音塘分前阁、中殿和后殿。其中最具有特点的是前阁，内祀观音，阁建在一块名叫观音石的大石上，用大理石建造，观音塘始建于明代，清同治十二年（1873）岑毓英重修。阁四面围以大理石栏杆，雕龙画凤，十分壮观。

相传观音塘源于著名的《观音负石阻兵》的传说。后人为了纪念观音保境安民，便在大石上建了一座观音阁，阁内供奉观音像，继而扩建为观音塘。

观音塘在建筑上独树一帜。观音阁就建在传说中观音所负的巨石上，阁体全部用大理石镶成。大石旁四周修有水池，池边石栏杆围护。阁中供奉观音石像。阁四周有石回廊，可通行人，东西有石拱桥四座。亭的三壁上碑刻与石雕画相映成趣，亭外四面相通。静止的石亭和轻泛涟漪的池水互相衬托，石的刚与水之柔相辅相成，亭池间桥廊紧凑，浑然一体，整个建筑严谨有序，而且以石为廊，以石为墙，别具匠心。

每年农历二月十九、六月十九、九月十九都有信众自发形成的观音塘会，人们不仅朝拜观音，而且还开展各种文艺活动，将宗教、文化、集市贸易融为一体。观音菩萨成为慈爱、正义和希望的象征。

1		
2	3	5
	4	6

1. 观音塘
2. 出土于千寻塔的汉白玉水月观音立像（宋代）
3~4. 观音塘会
5. 观音阁
6. 观音塘大石庵

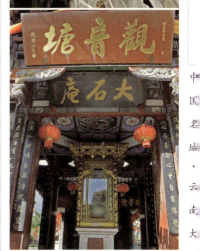

中国名城·云南大理

莲池会

"莲池会"又称"拜佛会"、"老妈妈会"，是白族村寨中的一种民间宗教组织。传说因观音大士专为妇女讲授"莲池经"而形成。

莲池会数目众多，几乎遍布村村寨寨，会员都是村中的中老年妇女，她们既信奉佛教和道教的神灵，也信奉本主，念经拜佛成为她们主要的信仰活动。会首称为"经母"，白语称为"节摩"，主要是负责管理莲池会的事务。经母都是大家推选产生的，一般是那些在莲池会中懂得经文较多并且比较有威望的老斋奶来担任。除了经母外，一些大的莲池会还有会计、出纳、采购、保管等人员。

莲池会是一种松散的民间宗教组织，没有严格的规章制度，但对其成员有一些规定和要求，如会员要洁身自好，行善除恶；逢本主节、初一、十五及菩萨寿诞日必须全天吃斋、拜佛念经等。

莲池会通过娱神娱人，达到愉悦身心，舒缓情绪，对实现邻里和睦，家庭和谐具有一定的积极作用。

洞经会

洞经会是洞经音乐的载体，主宰着洞经音乐的兴衰与传播，同时也是白族道教组织。白族农村、受汉文化影响较深的城镇村邑普遍设有道教组织，参加洞经会的多为白族男性长者。明清时

期多以有功名的地方贤达、文人雅士为主，有"不是秀才不得升堂入座"的说法。民国以后，许多洞经会不拘绅商士庶，只要品学兼优，三代清白，且自己喜欢音乐均可参加。洞经会没有统一的组织，都是各自为政，以村社自行设立的，各洞经会之间没有从属关系。洞经会一般设会长一人，副会长若干人，下设二师：上座师和下座师。会长为洞经会的最高行政主管。新中国建立后，群众性的洞经会大都关停。20世纪80年代以来，各地群众又自发恢复活动，但宗教色彩日渐淡化，更多的是老人在一起通过演奏音乐以愉悦身心。

1	6
2	
3	
4	
5	

1~5.莲池会

6.白族洞经音乐

清真寺

　　大理地区回族通常大分散、小聚居，凡是有回族聚居的村子都有清真寺，且大都是中式土木结构的殿宇式建筑，最

早始建于元代，明清为鼎盛时期。但是多数清真寺都在咸、同年间杜文秀起义失败后被清军所毁，或作为"叛产"被清政府没收移作他用，一直留存至今的为数极少。近年来随着民族政策的贯彻落实，各地清真寺大都进行了修缮或重建。目前，大理市14个回族自然村（10个回族村，2个回、白杂居村，2个回、白、汉杂居村）共有18所清真寺。建于元世祖至元十一年（1274）的大理西门清真寺便是其中之一。据相关史籍记载，赛典赤主滇期间，大理回民请其施恩建寺获准后，便在大理城内响水关营头建"营头礼拜寺"，这就是大理西门清真寺的前身。清乾隆年间，因陕西河州马保善大阿訇曾到寺内做净，又改名为"保善寺"。其后，该寺几经重建和翻修，一直留存至今。

"宗教各有偏，诱愚儆顽，何妨自备一说；人群须进化，厚生正德，才能并立五洲。"这是著名白族学者赵藩在大理西门清真寺所书之联，也许正是大理人民这种开放包容的胸怀，使得该寺一直留存下来。

基督教堂

据清代档案资料记载，基督教于

清光绪元年（1875）传入大理。起初外国传教士多购置民房，经过简单布置后作为传教和聚会礼拜之所，还不成其为真正的教堂。直到清光绪三十年（1904），英国传教士威廉姆斯、安选三到大理传教，购得大理古城北门内金箔街原剑川会馆及空地一块后，翌年，于其上建成了当时滇西最早最大的基督教礼拜堂，定名为"中华基督教礼拜堂"，同时建有藏书室和福音堂等附属设施。教堂为长方形，坐北朝南，门头上立有红色"十"字架。堂顶上安放着一个重150公斤的铜钟，后墙上悬挂着一副对联：

基督阐教，路德革新，圣会遍五洲，须知信主耶稣发源亚陆；

广厦落成，神恩永庇，正宗传六诏，从此福音醒世大叩洪钟。

目前，大理市共有3座教堂，由"中华基督教礼拜堂"发展而来，位于大理古城复兴路的大理教会主教堂就是其中之一。

天主教堂

天主教传入大理地区早于基督教，据民国《大理县志稿》记载，天主教传教士进入大理的时间在清同治十二年（1873），首先来到大理传教的是时任云南教区副主教的法国神甫罗尼塞，很快大理成为滇西地区天主教传播中心，但一直没建正式教堂。直到1927年，巴黎外方传教会法人牧师严美璋才开始在大理古城主持兴建，教堂于1932年建成，定名为"大理天主教堂"。该教堂很快成为当时辐射滇

中国名城·云南大理

西地区的中心教堂并一直留存至今。1985 年被列为大理市文物保护单位。

　　大理天主教堂坐东朝西，由大门、通道、四合院、教学楼、礼拜堂组成，总占地面积约五亩。礼拜堂为重檐歇山顶、回廊为抬梁式石木结构建筑。正面为白族"三滴水"式门楼。门楼上另起四角攒尖顶钟楼，钟楼顶置十字架。礼拜堂、门楼檐口内外都有龙凤狮象插头斗拱雕饰，四翼角为鳌鱼和凤凰起翘。正如教堂内悬挂的"承蒙袭段风花雪雨岁月不居扬福音精义，迎苍临洱春夏秋冬四时维新彰造物庄严"对联内容一样，整个教堂既具西方传统，又富白族特色。

<table>
<tr><td>1</td><td>3</td></tr>
<tr><td>2</td><td></td></tr>
</table>

1. 大理天主教堂
2. 大理天主教堂大厅
3. 大理天主教堂大门彩画

中国名城·云南大理

中国民间
文化遗产
抢救工程
THE PROJECT TO CHINESE
FOLK CULTURAL HERITAGES

庆民俗

中国民间
文化遗产
抢救工程
THE PROJECT TO CHINESE
FOLK CULTURAL HERITAGES

SOS

白族人民在创造出丰富的物质文化的同时，也创造出绚丽多彩的精神文化，五彩缤纷而又极富民族特色的节庆文化就是其中之一。白族与汉族节日大同小异的有春节、清明节、端午节、中元节、中秋节、重阳节、冬至等，也有别具一格的葛根会、朝花节、三月三、三月街、绕三灵、火把节、载秧节、耍海会等。

葛根会

　　在大理古城西北崇圣寺三塔下的三文笔村，有一个别具一格的集会——葛根会。

　　每年农历正月初五这一天，洱海西岸的各族群众，身着节日盛装，成千上万地聚集到三文笔村，在村口大青树下，长长的村道两边摆满了卖葛根的地摊。卖葛根的摊子很特别，摆着一块砧板、一把菜刀、一杆秤、一小碗土碱，旁边堆放着粗细不等的葛根。卖者常常在砧板上以熟练的刀法将葛根切成薄片，抹上一点土碱送给买者品尝，放了土碱后的葛根，吃起来苦中有甜，回味无穷。大多数赶会者，喜欢趁此机会多称一些葛根带回家中，因为葛根是赶会者带给家人和朋友的最好礼物。买回家中的葛根为便于携带和保鲜，一般都不须切片，而是在家现切现吃。葛根会上，除主要商品葛根之外，大理的名特小吃也汇聚在这个会上，游人可以品尝凉鸡米线、豌豆粉、卷粉、凉拌螺蛳、螺黄、生皮、炖梅、雕梅、腌木瓜、腌梨、烧饵块、破酥粑粑等

1. 赶会
2. 葛根会

风味小吃。

葛根会原来规模很小，会期这天主要卖的是葛根和甘蔗。现在人越来越多，物资也丰富了起来，各色物品都有，但葛根仍然是主要和特色商品（来的人大都多少买一点葛根）。会场过去是在三文笔村里，现在集中在村中大路上，老年协会对大路两边的摊位进行了编号，统一收取摊位费，2006年有396个摊位。

葛根是产于大理地区的一种爬藤植物，食用的是根块部分，其根块含有大豆黄酮、淀粉、异黄、葛素等，有壮阳生津、健脾开胃、清热解酒等作用，是一种有药用价值的植物。鲜葛根一般在春节期间开始上市。大理的白族人民由于长期受佛教影响，入春以后，都要到被誉为"佛都"的崇圣寺朝觐或春游，而春节，又是人们吃荤腥食品较多的时节，这时吃点鲜葛根，对帮助消化、生津止渴、解酒健胃都有作用。葛根会这个具有民族特点的集会，随着近几年来经济的发展，群众生活的改善，一年更胜一年。如今，人们有的坐着汽车，有的赶着马车，有的骑着摩托车、自行车，络绎不绝地来到崇圣寺三塔下踏青、游春、赶会。人们除了在葛根会上购买葛根外，还成群结队地游览三塔风景名胜区，登高远眺苍洱风光，观看耍龙狮和歌舞表演，常常乐而忘返，赶葛根会成了大理人春节节日活动的一项重要内容。

朝花节

每年农历二月十四日，是大理白族的朝花节。

生活在点苍山下、洱海之滨的白族人民，对花有特别深厚的感情，他们爱花成癖，素有"家家流水，户户养花"的美誉。史书上早有"南中山茶被陵谷，家家移植成风俗"的记载。这一天，只要一进入古城大理，一阵柔和的香风便扑面而来，一座用鲜花扎成的牌坊巍然屹立，有红的山茶、黄的杜鹃、白的牡丹、粉红的月季，以及雪报春、仙客来、素馨兰等，在牌坊上的鲜花丛中，还挂着这样一副对子："风花雪月添锦绣，玉洱银苍放春晖"，横批是"花开盛世"。穿过花牌坊，一座座迷人的花山，一间间玲珑的花亭，一个个精巧的花台，形成了一条长数里、五彩缤纷、香飘四溢的花街。

这些花山，有圆锥形的，有宝塔形的，也有月牙形的，一家赛一家，一处胜一处，十分好看。有茶花山、杜鹃花山、兰花山，也有由各种花木和奇石组合而成的石花山，跌宕多姿、错落有致。特别是那些花亭，有四角的，有六角的，也有八角的，飞檐高翘，鱼跃龙腾，就像浩瀚花潮中的海市蜃楼。这些花亭有以巍峨的苍山作屏嶂的，有以明镜般的洱海作前景的，也有以三塔或蝴蝶泉作陪衬的，数条花街，纵横交错。真有"人过红衣袖，马过香四蹄"之感。特别是那一簇簇的茶花，处处展现出"万朵彤云笑傲中"的动人景象。一路前来赶花街的人们熙熙攘攘，络绎不绝。有的赞叹，有的评点，很多人手里都拿着一面面小红旗，只要他们认为哪盆花开得最好，就把小红旗插在花盆里，以示嘉奖。特别是那些成群结队的白族姑娘，白衣红褂、花头巾、绿飘带，婀娜多姿，笑靥迎人。她们欢笑着穿行于花山花亭之间，和绚丽芬芳的花朵融为一体，远远一望，真使人难以分辨哪是花，哪是人，构成了"人在花间游，花在人中笑，二者相媲美，难分谁更俏"的醉人画面。这样连续赶三天，花会才算结束。

中国名城·云南大理

三月三歌会

　　金姑与细奴逻成婚的故事，在大理、巍山一带可谓是家喻户晓，人人皆知，形成了大理民间每年农历二月初八到三月初三的"接金姑会"。二月初八将细奴逻和金姑从巍山接回到大理，金姑回庆洞神都，细奴逻居于湾桥保和寺；三月初三细奴逻回巍山，这天大理坝子成千上万的民众，

身着节日盛装，以村为单位，聚集于保和寺，举行盛大的送别活动。送别结束后，人们就聚集在八仙台附近，举行一系列活动，以祈国泰民安，风调雨顺，五谷丰登，子嗣绵绵。届时，数以千计的人们载歌载舞、尽情狂欢，场面蔚为壮观。

中国名城·云南大理

三月街

被誉为"千年赶一街，一街赶千年"的三月街，在农历三月十五日至二十二日举行，古代又称为观音市或观音会。相传远古时候，苍山脚下有一专食人眼、人肉的恶魔罗刹，当地白族人民苦不堪言，朝夕期盼有人能制服罗刹。有一年农历三月十五日，在苍山五台峰上，忽然出现一位鹤发童颜的老人，设计将罗刹镇压在上阳溪箐口处的山洞里。原来这

位老人就是观音菩萨。白族人民为感谢观音救命之恩，同时震慑罗刹不敢轻举妄动，就在大理城西苍山中和峰下建起一座观音庙，每年三月十五日，是观音莅临大理的日子，人们便要隆重地举办讲经拜佛会以示纪念。这天来赶会的人很多，久而久之，就形成了一年一度的三月街。

1		
2		5
3		
4		

1. 赛歌台
2. 药材市场
3. 骡马市场
4. 赛马
5. 三月街

中国名城·云南大理

花子会

每年农历三月二十八，花子会在大理市大理镇西门村东岳庙旁举行。

相传农历三月二十八是东岳大帝的生日。东岳大帝是封神榜上执掌阴间的武成王黄飞虎。他心地善良，生日这天把死鬼放出来游玩一天，让叫花子也来接受施舍。

花子会又叫施舍会，当地白语又叫"的则悔"（即"打斋会"）。

参加的人主要有三类：真正的叫花子，为家里小孩来乞讨的富人，来祭祀祖先的人。

花子会这一天，沿路乞讨的"花子"数以百计，其中有真正的乞丐，也有家里儿女难养的，期望通过要百家饭、百家米来喂小孩，用要来的钱给小孩买双鞋子、买顶帽子，这样孩子就会好养一点。

平时，在阴间罪重的人（死得苦的人）是不能被放出来

中国名城·云南大理

的，这一天则例外，都被放出来与亲人见面。家里死了人的，头三年都要来东岳庙祭祀，并沿路布施（过去给蚕豆、大米，现在给大米、钱），以此来取悦东岳大帝，搭救自己的亲人（针对"歹死"者）或祈求亲人在阴间过得好一点。祭祀主要烧的是衣物、鞋帽等生活用品。

同时，为庆祝东岳大帝的生日，也有拜佛、念经等活动。通常参加的人数达上万人。据说原来东岳庙和花子会都在今天大理石厂附近，后来搬到本主庙旁边，今天的地点是近年才形成的。

绕三灵

绕三灵,白语叫"观上南",是白族传统盛大的节日之一。每年农历四月二十三日至二十五日,生活在苍山洱海一带数百个村庄的白族民众,以村庄为单位,携带祭祀用具和简单的行李以及食品、炊具等,自发组成绕三灵祭拜队伍,从四面八方赶来赴会。绕三灵队伍通过长期的实践,形成了固定的模式,其组成一般分为二部分:前导为一男一女(有时也为两男或两女)两位手执柳树枝和牛尾的老人(称花柳树老人);中部除了吹笛子的一人外,还有手执"霸王鞭"、"金钱鼓"的男女舞者数十人;队尾则由吹树叶的一人和数十位亦歌亦舞、手执扇子或草帽的妇女组成,排成一字长蛇阵。在花柳树老人的带领下,于农历四月二十三日早晨,聚集到大理古城城隍庙,点燃香烛,准备行装。接着整个队伍沿着点苍山麓向北,先到佛都崇圣寺燃香祭拜;继而又北行约十六公里,到达苍山五台峰下的朝阳村本主庙祭

田间绕三灵

拜"抚民皇帝"本主，称为"南朝（拜）"，再往北到庆洞村，祭拜佛教寺庙圣源寺以及被称为"神都"的庆洞本主庙，称为"北朝（拜）"。然后，在寺院内外场地打"霸王鞭"和"金钱鼓"，跳扇子舞、唱白族调子，傍晚在神都周围埋锅造饭，当晚即夜宿庆洞庙宇和四周野地树林中。四月二十四日，绕三灵的队伍陆续从庆洞出发，向东北行进，中途绕拜喜洲古镇的本主九坛神，在四方街作短暂休息、对歌后，一路歌舞走出古镇，向东到达洱海边的河涘城村的"仙都"洱河神祠，祭拜象征洱海之神的斩蟒英雄段赤诚本主，村里的洞经音乐社在古戏台上谈演"洞经"，欢迎绕三灵队伍的

表演扇子舞

到来。傍晚在洱海边、寺院周围安营造饭，晚上对歌、跳舞，通宵欢唱。四月二十五日，人们选购民间布扎、泥塑、纸花等小工艺品，带回给家里未能来的亲友，让亲友也沾点绕三灵的"福气"，得到神灵的保佑。绕三灵队伍再陆续从河涘城村出发，向南到大理城北洱海边的马久邑村，祭拜这里的本主保安景帝，这天也是马久邑村本主节，村民们扎花轿将本主接到村里，供绕三灵的群众祭拜，最后再各自分散归家。

参加绕三灵的人都有三个明显的标志：一是太阳穴上贴有"太阳膏"（一种用彩纸做的太阳花），浸有风油精的"太阳膏"能预防中暑，同时也是对太阳的崇拜；二是左臂上扎一条红带，表示祭拜本主后，得到的一种赐福；三是戴插有鲜花边的草帽，用以装饰、遮阳避雨、对唱遮羞。

中国名城·云南大理

1 | 2
  | 3

1. 绕三灵中的执导者
2~3. 娱神

绕三灵是大理白族一年一度的歌舞盛会，历久不衰。

关于绕三灵，清代大理白族诗人段位在《绕三灵竹枝词》一诗中有生动描述。诗云：

金钱鼓子霸王鞭，双手推敲臂转旋。

最是小姑歌僰（白）调，声声唱入有情天。

2006 年 5 月 25 日，白族绕三灵被列为国家级非物质文化遗产。

栽秧会

白族是种植水稻较早的民族，据《蛮书》记载，远在唐代，白族地区就普遍种植水稻。随着水稻农事的发展，从古至今，白族人民在栽秧的第一天，就要举行别开生面、妙趣横生的集会，称为栽秧会，俗称开秧门。

栽秧会是各自然村临时性的劳动互助形式。每当栽秧季节，几十户人家或整个村寨的人自愿组织起来，以换工或请工的方式集体栽插。开秧门这天，大家民主协商，推举出一位在村中既有威望，又善于说唱的劳动能手作为秧官，白语叫"子等刮"。在整个栽秧过程中，秧官的权力至高无上，他负责调派劳力、分配水源、掌握进度、检查质量等全部工作，同时还在田头即兴组织娱乐活动。

开秧门这一天，首先举行隆重的祭祀秧旗的仪式。清早，背秧的金花，挑秧的小伙子，敲锣鼓、吹唢呐的民乐队，以及每家每户都有人聚集到村中大青树下的广场，参加祭祀秧旗的仪式。秧旗是栽秧会神圣的标志旗，旗杆一般三

中
国
名
城
·
云
南
大
理

丈多高，用各色彩绸包裹而成，顶端饰有五彩雉尾和彩绸扎就的升、斗，以象征五谷丰登。旗杆中上部挂着用犬牙形白、黄布镶边的红色或蓝色的三角大旗，旁边还系有丝绸飘带、铜铃等饰物。在秧旗前，八仙桌上摆着猪头、鸡、鱼、糖果等各种祭祀供品。本村德高望重的长老向秧旗点香、敬酒，率众跪拜和祈祷后，将一面象征栽秧权力的铜锣交给秧官。秧官接过铜锣后，手捧金银纸，大声祝愿："我是本村的秧官，手里捧满金银纸张，干馓乳扇香喷喷，两杯白酒亮汪汪，祭了秧旗去栽秧，祝愿今年稻谷丰收粮满仓。"在场群众高兴地大声应和："谢金口。"话音刚落，只见秧官狠劲敲锣"咣"的一声，大声宣布："开秧门啰！"群众

2
3

1

1. 白族栽秧情景
2~3. 白族栽秧会

中
国
名
城
·
云
南
大
理

又随声应和："走啰！"此时，鞭炮轰鸣，锣鼓震响，在《大摆队伍》的唢呐乐曲声中，数百人的栽秧队伍浩浩荡荡地起旗出发。他们沿村陌巷道，一路吹拉弹唱地走向田间。

栽秧队伍来到田间，先在田埂高坡处牢牢地插好秧旗。随着秧官吟诵"五月农事忙又忙，又唱调子又插秧，栽秧当作过春节，调子稻谷堆满仓"的祝词后，唢呐、锣鼓齐鸣，负责插秧的人们在秧官的统一调派下，纷纷下到水田里，面对秧旗一字排开，在欢快的乐声中投入紧张的栽插劳动。

在栽秧的进程中，秧旗下的鼓乐队以高亢的白族唢呐为主，配以锣鼓打击乐，吹奏《栽秧调》、《大摆队伍》、《蜜蜂过江》、《龙上天》等唢呐曲牌，音乐节奏时快时慢，时紧时缓。栽秧的人们随着音乐节奏的快慢，相互展开着栽秧赛。这欢乐的乐曲不仅起着指挥、调节劳动速度的作用，还使繁重紧张的劳动在炽热欢乐的气氛中度过。而秧官来回地穿梭于这些栽秧的妇女们之间，他不时敲锣，频频催栽：当发现栽插速度快，但株距行距不规整时，立即放慢锣声，妇女们马上警觉，赶紧纠正。

栽秧是劳动强度极大的农事活动，人们在激越的唢呐声中你追我赶，在唱歌对调中驱散疲劳。其间还穿插着与秧官，与同伴开展劳动竞技为内容的逗趣活动。村与村之间，还举行各种饶有风趣的抢秧旗、送秧旗活动。

栽秧会期间，每栽到一家，田主人都准备着以大方片腊肉（俗称栽秧肉）、干鱼、咸鸭蛋为主菜的丰盛栽秧饭，招待来帮助栽秧的人们。饭后，田主人还要分给大家每人一碗炒蚕豆，称为洗脚豆。据说栽秧的人吃了洗脚豆后，能防寒祛病，消灾避邪。

火把节，白语叫"福旺舞"。通常在农历六月二十五日举行。

火把节活动丰富多彩。通常是先选一根高约数丈的松树，树身上用篾片将干柴、麦秸、松明分层捆扎，上面遍插各种彩色小旗并用竹条系上火把梨、花红等水果，顶端由村中手艺人扎制三级彩色升斗，上面墨书"五谷丰登"、"国泰民安"、"风调雨顺"、"人寿年丰"等祈祷吉祥如意的大字。竖好后全村男女老幼环伺火把周围，等到祭祀完毕，由村中德高望重的长者点燃火把，村民们绕着火把，争抢

火把节中的大火把

火把上逐层烧掉下来的水果、彩旗、柴块。据说，火把上掉下来的水果可以强身健体，柴块可使家庭财源兴旺，彩旗可使家庭清吉平安，若抢到升斗，就会喜添贵子等。有些地方除树大火把外，各人还点燃小火把，遇人就撒上松香，霎时火花四溅，路人纷纷"引火烧身"，据说这是替你把附在身上的邪气、污秽和病魔统统烧掉，白族群众谓之为"泼火"祝福。洱海东岸有的地方还举行龙舟竞赛、跑马比赛等活动。

1	4
2	5
3	

1.小火把
2.竖火把
3.点燃小火把
4.喜洲火把节
5.周城火把节

耍海会

白族是一个能歌善舞的民族，也是爱好体育活动的民族。逢年过节，各村各寨都要开展各种各样丰富多彩的民族民间体育活动。耍海会就是居住在洱海沿岸的白族人民一年一次最有意义的体育活动盛会。

耍海会从农历的七月二十三日至八月二十三日，整整一个月的时间。洱海西岸从上关到下关的村村寨寨，每村都有一至二天的会期，各村的男女老幼都驾船进洱海游玩，特别是八月初八（段赤诚遇难日），才村附近的海面更为热闹。节日之前，各村都要将船装扮一新。到八月初八这天，很多村寨把龙船聚集在才村附近的海面进行比赛。观看龙船赛的和划小船到海东各地耍海的人成千上万。

这一天凡是参加比赛的龙船都要在船舷两边画一对龙，信奉黄龙的就画黄龙，信奉黑龙或青龙的就画黑龙或青龙。船头和船尾都分别挂着用彩绸扎成的数朵硕大的大绣球花。船中央立一棵松树或柳树，树上分别挂一面芒锣和一串响铃。从船的顶端沿四周拉下数股花线，花线上分别挂有数十面彩旗。树下站一中年人，他额贴太阳膏，头戴大包头，眼戴墨镜，身着白衣黑褂，手执牦牛尾，脚穿绣花凉鞋，这就是各张龙船上的总指挥。船头站一吹唢呐的，船尾站一敲芒锣的，装扮近似于马戏团的小丑，动作滑稽。每张船上都有十对桨，每支桨边都有一对白族青年男女准备着。一声炮响，指挥者左手将牦

牛尾往前一甩，右手将树枝一摇，大叫一声："划，看着海面！"所有的桨便"唰"的一声同时击向水面。顿时，唢呐声、芒锣声、击水声和指挥者的号子声及摇动树枝时的响铃声，配合着挥动牦牛尾时起桨落桨的拍节，组成了一曲威武雄壮的交响乐。在乐声和群众的呼喊声中，一张张龙船像箭一样朝海心的标记飞驰而去，谁家第一个转回岸边，谁就是当年赛龙船的冠军。

关于这个热闹的场面，清代著名学者师范在《滇系》这部史书中曾有这样的记载："七月二十三日，西洱河滨有赛龙神之会。至日，则百里之中，大小游艇咸集，祷于洱海神祠。灯烛星列，椒兰雾横，尸祝既毕，容与彼间。即人无贵贱、贫富、老幼、男女都出游。酒肴笙歌，扬帆竞渡，不得舟者，列坐水次，藉草酬歌。而酒脯瓜果之肆，沿堤布列亘十余里。禁鼓发后，跟锵争驱而归。遗簪堕舄，香尘如雾，大类京师高粱桥风景。"

由此看来，白族的这一规模宏大的体育活动盛会——耍海会，最少也有数百年的历史了。这个盛会在新中国成立后，仍一直流传下来，历久而不衰。

2

1

1.诵念经文

2.供品

中国名城·云南大理

安龙奠土

安龙奠土是大理白族在新居落成后普遍举行的一项仪式，时间请地师择定，一般在新居落成第二年的农历二月或八月，同时也要大宴宾客。大理白族的安龙奠土仪式开始于何时，各种相关史志都没有记载，当地人也说不清，只知道很早就有了。举办这一仪式的原因是，白族普遍认为，在建房的过程中，难免会得罪"土府"神灵，因此要举行安龙奠土仪式来告慰神灵，以求得家宅平安。整个仪式较为复杂，从"请水"开始到"百解"结束，要持续3天时间。

请水为仪式第一个环节。这一天清晨，主人家先在大门上贴"安龙奠土"横幅，并配以诸神条幅。然后，由主人儿女带着水罐到湖边溪畔汲取甘露水，返家后装入泥鳅和鸭蛋埋于堂屋中央。水是生活必需资源，而"鸭"与"压"同音，白族人以鸭蛋表"压嘴压舌"之意，认为这样做可以避口舌是非。

接着，主人夫妇要在洞经会的簇拥下，领着子女回老宅

1. 亲朋送来寓意高升的米糕
2. 请圣
3. 绕城

2

1 3

中
国
名
城
·
云
南
大
理

通过念诵《接祖文》将历代祖先迎到新宅。之后，再进行洞经会谈经、莲池会祭祖、地师布城、主人夫妇绕城、地师开光、地师谢土、地师起土、直到请地师念诵《百解经》等一系列程序后，整个仪式才算完成。

　　通过举行安龙奠土仪式，将生存必需的水带到了新居，将历代祖先也迁入了新居，同时也获得了诸神的谅解和护佑，迁入新居的人家自然家宅平安，顺顺利利。通过举行安龙奠土仪式，新居也被赋予了生命意义，难怪白族人将安龙奠土仪式称为"自好神史"（意为"做房子生日"）。

| | 2 | 3 |
| 1 | 4 | 5 |

1. 点七星灯
2. 宴客
3. 破五方
4. 用白族调和白曲唱祝贺词
5. 谢土

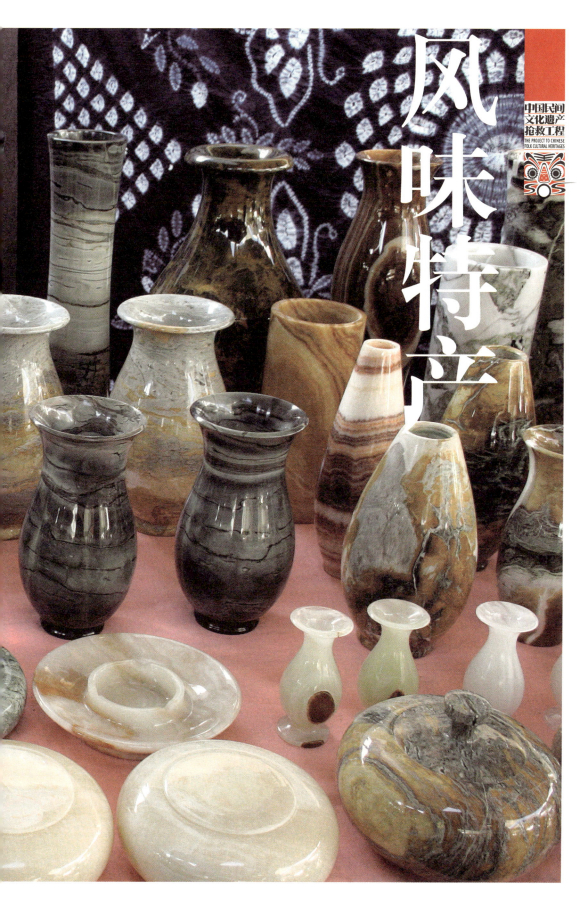

風味特产

中国民间
文化遗产
抢救工程
THE PROJECT TO CHINESE
FOLK CULTURAL HERITAGES

SOS

大理石

　　大理石，又称礴石，是重结晶的石灰岩，主要成分是碳酸钙。原指产于云南省大理的白色带有黑色花纹的石灰岩，剖面可以形成一幅天然的水墨山水画，古代常选取具有成型的花纹的大理石用来制作画屏或镶嵌画，后来大理石这个名称逐渐发展成称呼一切有各种颜色花纹的，用来做建筑装饰材料的石灰岩。大理石主要用于加工成各种形材、板材，作建筑物的墙面、地面、台、柱，还常用于纪念性建筑物如碑、塔、雕像等的材料，也可以雕刻成工艺美术品、文具、灯具、器皿等实用艺术品。

　　大理苍山是驰名中外的大理石出产地，据估算，苍山大理石的远景储量至少有 1.32 亿立方米。产于大理的大理石通常可分为汉白玉、云灰石、彩花石三类。彩花石是大理石中佼佼者，其花纹酷似中国彩墨山水画，极富水墨韵味。大理石因其特有的魅力，历代诸多文化名人对其予以极高的赞誉，冠以"石中瑰宝"的美名。2005 年，洱海东

岸银梭岛新石器遗址出土了两件大理石臂钏，说明在新石器时期洱海居民就使用大理石制作饰品。据史料记载，唐代大理石已被用于三塔建筑中，到了宋代，大理国多次将大理石艺术品敬贡给宋王朝，元明清时期大理石工艺品一直作为贡品给宫廷，作为宫廷陈设品，如今还保存在乾清宫和坤宁宫陈列的众多奇石中。同时，大理石一度被朝廷征用于装饰富丽堂皇的宫殿、宗教建筑、亭台楼阁和陵墓，如明代十三陵建筑用材、故宫的围栏、祈年殿的龙凤石等。新中国成立后，大理石开采、生产、经营和利用走上正规化、科学化、规模化的道路。大理石产品的生产顺应客户的要求，工艺品发展到一百多种，产品销往美国、日本、泰国、菲律宾、缅甸、马来西亚、沙特阿拉伯、叙利亚、科威特、毛里求斯等三十余个国家和地区。大理石生产也被列入云南省非物质文化遗产名录。

| | 2 | 3 |
| 1 | | |

1. 大理石加工
2. 绿花孔雀图
3. 石之珍品——美猴王出世图

中国名城·云南大理

扎染

大理白族地区的扎染原料为纯白布或棉麻混纺白布，染料为苍山上生长的廖蓝、板蓝根、艾蒿等天然植物的蓝靛溶液。制作时，根据人们喜欢的花样纹式，用线将白布缚着，做成一定襞折的小纹，再浸入染缸里浸染。如此反复，每浸一次色深一层，即"青出于蓝"，浸染到一定程度后，取出晾干，拆去缬结，便出现蓝底白花的图案花纹米。这些图案多以圆点、不规则图形以及其他简单的几何图形组成。

白族扎染取材广泛，常以大理的山川风物作为创作素材，其图案或苍山彩云，或洱海浪花，或塔荫蝶影，或神话传说，或民族风情，或花鸟鱼虫，妙趣天成，千姿百态。用户可根据各种图案的扎染布制作衣裙、围腰、床单、窗帘、桌椅罩等生活用品，深受中外游客青睐。

2006年5月20日，白族扎染技艺经国务院批准列入第一批国家级非物质文化遗产名录。

```
        ┌───┐
        │ 4 │
     ┌──┼───┤
     │ 2│ 5 │
  1  │  ├───┤
     │  │ 6 │
     ├──┴───┘
     │ 3│
     └──┘
```

1. 扎花
2. 染布
3. 漂洗
4. 蝴蝶花
5. 扎染人物像
6. 扎染纹样

草编

草编是大理白族群众的一项传统手工艺。草编制品有草帽、草帘、草垫、草篮、草扇、草席、草制玩具等上百种，其制作过程是先将麦秸秆经过漂白后，手工编织成一条条宽约两厘米的扁平草辫，再用手工缝制成各种物品。其中尤以草帽最受人们青睐。

在白族人民生活中，草帽不但是必不可少的生活用具，它还是一件定情的信物，曾有一首民间情歌这样唱道：

1
2

1~2.草帽舞

大理下来草帽街，

小妹我一见草帽喜心怀，

买顶草帽头上戴，

遮住脸儿，等呀等哥来。

大理下来草帽街，

小哥我一见草帽喜心怀。

不爱草帽编得好，

就爱小妹，好呀好人才。

大理草编不知出现于什么时候，但在南诏王都太和城废弃以后，不知何时在今天的大理太和村就有了专门卖草帽的集市——草帽街，而且"草帽街"作为地名一直沿用至今。由此可见，在大理草编工艺由来已久。直到今天，在洱海西面白族村寨，编织草帽仍是白族妇女的一项手头活，不管是老太太、小姑娘都会编织。

中国名城·云南大理

砂锅鱼

砂锅鱼在大理可以说是一道地道的白族菜，它只能用洱海鱼，尤其是洱海独有的弓鱼，配以火腿片、鲜肉片、冬菇、木耳、豆腐等，放入砂锅用洱海水煮就，还未入口就已经芳香四溢，是白族待客的美味佳肴。

生皮

生皮是大理白族地区别具风味的菜肴，也是数千年来白族人民世代相承的一种传统饮食。"食生"是白族的一种古老饮食习俗和风尚。唐樊绰《蛮书·蛮夷风俗》记载："每年十一月一日盛会客，造酒醴，杀牛羊……取生鹅治如脍法，方寸切之，和生胡瓜及椒盐啖之，谓之鹅阙，土俗以为上味。"元李京《云南志略·白人条》载："食贵生，如鸡、牛、猪、鱼皆生醮之，和以蒜泥而食。"明《景泰云南图经志》也载："土人凡婚娶宴会，必用诸品食肉，细剁，名曰剁生。和蒜泥食之，以此为贵。"生皮的具体做法是将整只猪置于稻草火上烘烤，待烤至半生半熟时，去毛再烤，直至皮肉呈金黄色时为止。食用生皮要取用火烧猪最细嫩的皮肉部分，吃时将金黄色的半熟的猪皮和肉切成丝或片，佐以姜、葱、蒜、炖梅、辣椒、芫荽等调料为蘸水，将皮或肉置于蘸水中后，可以食用。生皮又香又鲜，为款待贵客的民族佳肴，是白族地区节庆待客时最高规格的主菜。

中国名城·云南大理

豌豆凉粉

1~2.豌豆凉粉

3.豌豆皮和豌豆粉汤

4.豌豆凉粉

　　豌豆凉粉，大理白语称为"又粉"。云南豌豆凉粉是大众化小吃，各地各具特色。大理白族对又粉更是钟爱有加，以往大理农村一天吃三顿饭，早饭（早八九点钟）、晌午（下午两三点钟）、晚饭（晚七八点钟），晌午这一顿多半就吃又粉拌饭。

　　大理的村镇大多都有固定的又粉摊出售又粉，此外在诸如"三月街"、"绕山林"、"观音塘会"等民间集会上都会汇集来自周边地区的众多又粉摊，而且生意都很红火。大理古城里青石桥的豌豆凉粉最为有名，可惜已经失传；观音塘照壁下用布制大伞罩着的豌豆凉粉小摊却数十年如一日地招徕新老食客，久盛不衰。

八大碗是白族在遇有婚丧嫁娶或重大节庆活动时待客的盛筵。大理白族传统的八大碗主要有红肉、酥肉、千张肉、粉蒸肉、干香、煮白云豆、煮竹笋和木耳豆腐汤几样。其中红肉是红釉米将肉染红炖熟，色彩鲜艳，寓意吉祥；酥肉是将肉块裹上面糊或鸡蛋下油锅炸至酥松金黄，然后放入汤中煮熟，并加上少许蔬菜上桌，"酥"其实是指把肉块挂糊软炸的烹调技术；千张肉，即酸腌菜扣肉，先将带皮五花肉稍微煮一下，用油煎一下皮子到金黄，然后切片放入大碗中加调料和腌菜上锅蒸制，蒸好之后，将碗倒扣在盘中，腌菜做底肉在上头，酸香黄亮，令人垂涎；粉蒸肉，是将五花肉煮熟切片后拌调料及磨细的米粉，装上洋芋块或豌豆，上笼蒸熟，做法与千张肉类似，味道却迥异；干香，是一种凉拌拼盘，将卤熟的猪肉、肝、肚切片，盖在用酸菜或泡萝卜垫底的碗上，吃前浇上酸辣汁；煮白云豆、煮竹笋、木耳豆腐汤是席面上的素菜，烹调时的技法介于传统的烩与煮之间，汤不多，直接用骨头汤煮，有时加点火腿或腊肉，味道鲜美，不似平时食用的蔬菜汤那样寡淡。

一直以来，八大碗都因时、因地、因人而发生着变化，如澳大利亚人类学家费子智在其《五华楼》中，就曾提到大理人家吃宴席，就吃到了八宝饭，他所记的是发生在 20 世纪 30 年代的事，但八宝饭现在成了大理人家宴席上最受欢迎的菜肴之一。

饵块

中
国
名
城
·
云
南
大
理

　　饵块为云南特有，也是大理最著名的名特小吃之一。饵块用优质大米加工制成，其制作过程是将大米淘洗、浸泡、蒸熟、冲捣、揉制成各种形状。一般分为块、丝、片三种。每年冬至节，大理白族一直都延续着制作和相互赠送用饵块拓（木模）印上花卉、鸟兽图案圆形小饵块的习俗。

　　饵块烧、煮、炒、卤、蒸、炸均可，是人们最喜欢的食品之一。其中最具特色的是现揉烧饵块，把蒸熟的米团放在大理石垫板上，用手工搓揉，根据个人口味，选择上糖、核桃、肉酱、酸腌菜、卤腐、辣酱中的几种包上，再放到炭火上烤一烤就成了。至今，现揉烧饵块一直是大理古城里最受当地人及游客喜爱的小吃。

云南沱茶，创制于云南下关，故又名下关沱茶。生产历史悠久，早在明代谢肇淛的《滇略》一书中就有"士庶用皆普茶也，蒸而团之"的记载。

1902年由下关"永昌祥"商号成功定型，至今已有一百多年的历史。经昆明运往四川重庆、叙府（今宜宾）、成都等地销售，故又称叙府茶。

下关沱茶选用云南省临沧、保山、思茅等三十多个县出产的名茶为原料，其初制工艺经过人工揉制、机器压紧数道工序而成，形如碗状，造型优美，色泽乌润显毫，香气清纯馥郁，汤色橙黄清亮，滋味醇爽回甘。常饮具有明目清心，提神养颜，抑菌治病之保健作用。在国外，人称"减肥茶"、"美容茶"、"益寿茶"。在国内，下关沱茶与云南白药、云烟被誉为"滇中三宝"。

2004年，在整合原有下关沱茶生产企业的基础上成立的云南下关沱茶（集团）股份有限公司，秉承下关沱茶生产传统和技艺，不断创新，成为目前最大的下关沱茶生产基地。其生产的松鹤牌下关沱茶获"国家质量银质奖"、"世界食品金冠奖"、"中国茶叶名牌"、"云南省名牌产品"等三十余项省部级以上荣誉，行销全国并出口欧盟、日本、韩国、马来西亚等十多个国家及我国台、港、澳地区。2011年5月，下关沱茶制作技艺入选国务院公布的第三批非物质文化遗产名录。

正是由于大理地处滇西要冲，"茶马古道"和"蜀身毒道"于此交汇，在商贸通道上构成了交叉型和双边型的商业文化，才使大理成为中原、东南亚、南亚、西亚文化的交融之地，也才使下关沱茶享誉中外。

三道茶

大理山清水秀，气候温和，雨量充沛，土质肥沃，适宜茶树生长，故大理多出产名茶，其中感通山出产的感通茶久负盛名。《茶苑》一书记载："感通寺山岗产茶，甘芳纤白，为滇茶第一。"《明一统志》也有"云南名茶有三种，即太华茶、感通茶、普茶"的记载。

白族自古以来就有品茶待客习俗，且十分讲究。平时家家备有烤茶小陶罐、铜壶、陶瓷小茶杯。白族谜语中有"我家有个小姑娘，客人一来揪耳朵"（指烤茶小土罐），指的就是用烤茶待客。其法：主人先在小陶罐放置茶叶少许，边烤边抖，直到茶叶微黄发泡，即将铜壶早已烧好的开水倒入少许，随着"吱吱"的响声，水泡溢满茶罐，茶香盈屋，说明主人烤茶技术高明。若不冒泡，主人就显得很尴尬。俗话说"酒满敬人，茶满欺人"，所以茶不能斟满，以示对客人的尊敬。近年来，在传统茶道的基础上，创新出"三道茶"。

白族三茶道具有丰富的文化内涵和悠久的历史。尤其是深受国内外宾朋喜爱的三道茶，已成了集白族音乐、歌舞、品茗为一体的白族茶道。第一道为清茶，又叫苦茶、雷响茶，味清香微苦；第二道为甜茶，茶中加入核桃仁、乳扇、柑皮、红糖制成；第三道为回味茶，茶中加入蜂蜜和花椒，品尝后回味无穷。以此寓意"一苦、二甜、三回味"，让人们从中去感悟人生哲理。

	2
1	3
	4

1. 品味三道茶
2~4. 三道茶表演

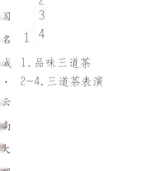

中
国
名
城
·
云
南
大
理

名城保护

中国民间
文化遗产
抢救工程
THE PROJECT TO CHINESE
FOLK CULTURAL HERITAGES

保护大理古城的价值与意义

文化是由人类在社会实践过程中创造出来的，是通过各个民族的活动而表现出来的一种思维和行动方式，每个人可以通过后天学习获得，也可以以各种形式传承下来，是一种物质和非物质财富。白族文化也不例外，他可以通过山水、遗址、建筑、民俗活动得到展示而让人们可亲可感。

保护大理古城有利于保存白族先民留下的大量文物古迹

以大理古城为核心，7个国家级文物保护单位（崇圣寺三塔、太和城遗址和南诏德化碑、佛图寺塔、元世祖平云南碑、喜洲白族民居建筑群、银梭岛遗址、弘圣寺塔）就集中在这一区域。此外，大理国家级风景名胜区中的苍山洱海风景区也在这一区域。至于省级、州级、县（市）级

2
3
1

1. 大理古城游客
2. 大理古城街道
3. 大理古城小景

中国名城·云南大理

的文物保护单位就更多了。择
其大者，除国家级文物保护单
位外，还有龙尾关（下关）、感
通寺、观音堂、祭天坛、苍山
神祠、崇圣寺、中和寺、无为
寺、观音阁、圣源寺、保和寺、
蝴蝶泉、上关花、龙首关（上
关）。南诏、大理国曾经在这条
"茶马古道"上三易其都。《新
唐书·南蛮传上·南诏传》中
说："南诏或曰鹤拓，曰龙尾，
曰苴咩，曰阳剑睑……开元末，
皮逻阁逐河蛮，取太和城（今
大理太和村后），又袭大釐城
（今大理喜洲）守之。"同书在
记载"天宝战争"结束后，阁
罗凤立《南诏德化碑》时说："揭

碑国门，明不得已而叛。尝曰：我上世世奉中国，累封赏，
后嗣容归之，若唐使至，可指碑澡被吾罪也。"今天，这些
虽然已成了断碣残碑，但蕴涵的文化内涵是十分丰厚的。

有利于展示人文历史、自然生态、白族风情的和谐共荣

各民族在自己历史发展的过程中，都会形成各具特色
的民风民俗，这种民风民俗通常以习俗、节庆、集市为载
体，一旦形成，具有群众性、传承性、稳定性的特点。大
理古城周围几乎都是白族聚居区，这里有保存完好的白族

248 页 ~ 249 页

| 1 | 3 |
| 2 | 4 |

1. 修缮好的大理古城墙
2. 古城武庙建筑群
3. 古城红龙井新街
4. 洱海保护初见成效

优秀传统文化。尤其是沿线风格各异的本主庙，传承的都是白族文化，是浓缩了的一座座白族文化"博物馆"。千百年来形成了较大规模和悠久历史的三月街、绕三灵、火把节、耍海会、蝴蝶会、花朝节、栽秧会、葛根会等异彩纷呈的民风民俗。文献记载："大理马，为西南蕃之最"（《桂海虞衡志·志兽》）。"蛮毡，出西南诸蕃，以大理为最"（《桂海虞衡志·志器》）。"其毡上有核桃纹，长大而轻为妙，大理国所产也"（《岭外代答》卷六）。随着工商业的发展，大理能工巧匠极多。沈德符在他的《万历野获编》中写道，"元时下大理，选其工匠最高者入禁中，至我国初（明初）收为郡县，滇工布满内府"，这种历史传承至今尤盛。

有利于弘扬民族精神，进行爱国主义、民族团结教育

大理自古以来与中原文化血肉相连，根脉相通。自秦汉开始设郡置县以来，不管中原王朝如何更替，大理与中原政治经济文化交流从未间断。史书记载："人知礼乐、本唐风化"，"子弟朝不绝书，贡献府无余月"。就像中华民族历史进程中，不断伴随着矛盾纷争一样，大理地区也发生过与中原王朝兵戎相见的局部战争，但和好始终是历史发展的主流。《南诏德化碑》就是唐朝和南诏友好的历史见证；苍山神祠则是"天宝战争"后，唐朝和南诏重归于好，唐使崔佐时和异牟寻会盟的地方。蒙古崛起，攻城略地，铁骑在欧亚大陆上像飓风一样扫过，唯独用兵大理时，元世祖忽必烈亲书"止杀令"，保护了大理文化的存续，这就是《元世祖平云南碑》记载的真实历史。所有这些，都是爱国主义、民族团结教育难能可贵的生动教材。

提供民族文化在保护中开发，以开发促进保护的范例

民族文化需要保护，这是不争的共识。但保护需要经费，而许多需要保护的民族文化地区又是经济欠发达地区。如何走出这一怪圈，许多地方尝试走民族文化保护中开发，通过开发促进更好地保护的路子，取得了许多成功的经验。"它山之石，可以攻玉。"科学保护大理古城有助于提供民族文化在保护中开发，以开发促进保护可资借鉴的范例。

1
2
1. 五朵金花
2. 白族舞蹈

中 国 名 城 · 云 南 大 理

保护大理古城的设想与建议

大理是大理人的大理，也是人类共同的遗产。近年来，各级政府都以极大的热情投入全方位的保护，制定了诸如苍山、洱海、古城保护条例，这些思路和规划都是很好的，只要持之以恒地认真贯彻落实，并在实践中不断完善，必将对古城的发展起到很好的作用。同时要引导全体人民共同参与保护。

大理自古以来就是一座开放性的国际都市，人流如织既为古城增加人气，同时也加重了古城的承载负担。建议积极创造条件逐步将公益性单位，如学校、医院迁出古城，腾出更多空间恢复古城风貌，为更多游客进入古城创造空间。对古建筑的恢复重建也要遵循科学规划。但由于受各种条件的制约，毕其功于一役的保护是不可能的，对所有被损毁的文物古迹完全修复也是不现实的。有的不一定非要在原址恢复重建，有的文物景点立碑说明，给游客更多的想象空间，比人为的"打造"效果更好，因为历史是不需要加工的。以下是大理府考试院恢复重建的建议，可作参考，以此举一反三。

原则：

遵照"恢复原貌"的文物维修原则，以清同治年

和谐的家园

中国名城·云南大理

间岑毓英《改建大理考棚记》碑文为参考依据，结合现状进行恢复。

大理府考试院原格局规模宏大，考生"可并坐数千人"，是当时滇西北地区童生进行乡试的场所，是大理作为国家级历史文化名城，文献名邦的重要标志性建筑，反映了当时文化、经济、科技的发展水平。

恢复重建大理府考试院可恢复大理古城原有景观，增加古城文化内涵，对文物保护和旅游开发大有裨益。

规划：

拆除大理电影院等建筑。

临复兴路建一大砖石结构照壁，高约七米，照壁两侧为围墙，围墙上开两辕门。

照壁后为大门，大门为三开间，仿古建筑，柱梁钢混结构，平板枋及以上斗拱等装饰构件采用木质。

大门两侧各置三开间厢房，砖木结构，左为官厅，右为号房。

仪门为三开门，仿古建筑，柱梁钢混结构，平板枋及其上斗拱、花板等装饰构件采用木质。

仪门内两侧建厢房，三开间，砖木结构，均为号房。

仪门后中轴线上为正堂，五开间，仿古建筑，柱梁钢混结构，平板枋以上斗拱、花板等装饰构件采用木质。斗拱、花板雕饰风格参照过厅进行制作。

过厅 2003 年大理市政府拨款 26 万元进行过维修，现保存情况较好，此次恢复重建可不作变动。

过厅后为后衙，后衙为三合院式建筑，两侧厢房砖木结构，三开间，正房五开间，柱梁钢混结构，平板枋以上采用木质，正房两侧各有一小漏角，各有砖木结构房二间。

所有院落重新校水平，青石板铺墁，并进行绿化、美化。

中国民间
文化遗产
抢救工程
THE PROJECT TO CHINESE
FOLK CULTURAL HERITAGES

序号	名　称	类　别	时　代	地　址	级　别	公布时间	批　次
1	崇圣寺三塔	古建筑	唐宋	大理古城西北	国家级	1961	第一批
2	太和城遗址（含南诏德华碑）	古遗址石刻	唐	下关镇太和村西	国家级	1961	第一批
3	喜洲白族古建筑群	古建筑	近代	喜洲镇	国家级	2002	第五批
4	元世祖平云南碑	石刻	元	大理古城西	国家级	2002	第五批
5	佛图寺塔（含佛图寺）	古建筑	唐	下关镇羊皮村北	国家级	2006	第六批
6	弘圣寺塔	古建筑	唐至宋	大理古城西南	国家级	2013	第七批
7	银梭岛遗址	古遗址	新石器至商	洱海东南部	国家级	2013	第七批
8	杜文秀墓	革命纪念建筑物	清	大理镇下兑村东	省级	1983	第二批
9	羊苴咩城遗址	古遗址	唐	苍山中和峰	省级	1987	第三批
10	圣源寺观音阁	古建筑	元	喜洲镇庆洞村	省级	1987	第三批
11	苍山神祠	古建筑	唐	苍山中和峰麓	省级	1987	第三批
12	周保中故居	革命纪念建筑物	近代	湾桥镇上湾桥村	省级	1987	第三批
13	法藏寺董氏宗祠（含董氏墓群）	古建筑	明	凤仪镇北汤天村	省级	1987	第三批
14	杜文秀元帅府	革命纪念建筑物	清	大理古城复兴路南段	省级	1993	第四批
15	大唐天宝战士冢（含地石曲千人冢）	古墓葬	唐至清	下关镇天宝街	省级	1993	第四批
16	凤仪文庙	古建筑	明清	凤仪镇	省级	2004	第六批

17	龙首关遗址	古遗址	唐	苍山云弄峰麓	省级	2012	第七批
18	金镑寺漂来阁	古建筑	明	双廊镇长育村	省级	2012	第七批
19	日本四僧塔	古建筑	明	苍山龙泉峰下	省级	2012	第七批
20	观音堂	古建筑	明至清	大理镇 上末南村	省级	2012	第七批
21	杨杰故居	近现代史迹	民国	大理古城 广武路	省级	2012	第七批
22	大理天主教堂	近现代史迹	1932 年	大理古城 人民路中段	省级	2012	第七批
23	龙尾关遗址	古遗址	唐至清	苍山斜阳峰麓	州级	1987	第一批
24	感通寺 （含担当墓）	古建筑	明清	苍山应乐峰麓	州级	1987	第一批
25	西云书院（含南花 厅、罗汉松）	古建筑	清	大理古城 护国路下段	州级	1987	第一批
26	大理白族自治州 人民政府办公楼	古建筑	现代	下关镇人民南路 与幸福路之间	州级	2003	第三批
27	革命烈士纪念碑	革命纪念 建筑物	近代	大理古城 师部内	市级	1985	第一批
28	马龙遗址	古遗址	新石器	苍山马龙峰	市级	1985	第一批
29	白王洞遗址	古遗址	宋至明	苍山兰峰南麓	市级	1985	第一批
30	大理城 （含城墙、城楼）	古建筑	明	苍山中和峰下	市级	1985	第一批
31	古佛洞	石刻	明	苍山云弄峰 南麓	市级	1985	第一批
32	大展屯东汉墓	古墓葬	东汉	下关镇 大展屯村西	市级	1985	第一批
33	北川塔 （含塔桥）	古建筑	明	凤仪镇 红山村东北	市级	1985	第一批

（续表）

34	阳和塔	古建筑	清	大理镇 中阳和村	市级	1985	第一批
35	凤鸣桥	古建筑	清	湾桥镇 古生村北	市级	1985	第一批
36	洱水神祠	古建筑	唐至清	大理镇龙凤村	市级	1985	第一批
37	大理府考试院	古建筑	清	大理古城 复兴路北段	市级	1985	第一批
38	大理城隍庙大殿	古建筑	明	大理古城 苍屏街东段	市级	1985	第一批
39	普贤寺	古建筑	清	大理古城 玉洱路东段	市级	1985	第一批
40	蒋公祠	古建筑	清	大理古城 玉洱路中段	市级	1985	第一批
41	文庙大成门 （含明兰）	古建筑	清	大理古城 复兴路中段	市级	1985	第一批
42	武庙照壁 （含二碑）	古建筑	清	大理古城 博爱路中段	市级	1985	第一批
43	凤鸣书院	古建筑	清	凤仪镇	市级	1985	第一批
44	无为寺 （含唐杉、明钟）	古建筑	明至清	苍山兰峰	市级	1985	第一批
45	周城古戏台	古建筑	清	喜洲镇周城村	市级	1985	第一批
46	古生古戏台	古建筑	清	湾桥镇古生村	市级	1985	第一批
47	将军洞 （含大青树）	古建筑	清	苍山斜阳峰麓	市级	1985	第一批
48	白王城遗址	古遗址	元	凤仪镇 后山村东北	市级	1985	第一批
49	三阳城遗址	古遗址	唐	苍山三阳峰麓	市级	1985	第一批
50	段功墓	古墓葬	元	崇圣寺三塔西	市级	1985	第一批

51	李元阳墓	古墓葬	明	崇圣寺三塔西	市级	1985	第一批
52	双鹤桥	古建筑	明	大理古城南门外	市级	1985	第一批
53	神都	古建筑	清	喜洲镇庆洞村	市级	1985	第一批
54	圣源寺	古建筑	清	喜洲镇庆洞村	市级	1985	第一批
55	太邑铁索桥	古建筑	清	太邑乡政府西	市级	1991	第二批
56	洱海小普陀	古建筑	明	挖色镇海印村西	市级	1991	第二批
57	弓兵碑	石刻	明	上关镇青索村	市级	1980	第一批
58	天衢桥	古建筑	明	上关镇青索村	市级	1980	第一批
59	龙泉寺	古建筑	清代	喜洲镇周城村	市级	2008	第三批
60	双廊莲花曲本主庙（含栽种松碑）	古建筑	清代	双廊镇长育村	市级	2008	第三批
61	高兴文笔塔	古建筑	民国	挖色镇高兴村	市级	2008	第三批
62	大理基督教堂	古建筑	民国	大理古城复兴路	市级	2008	第三批
63	御前侍卫府门楼	古建筑	清代	海东镇名庄村	市级	2008	第三批
64	鲍杰墓	古墓葬	明代	海东镇玉案山麓	市级	2008	第三批
65	天威径古道及题刻	古石刻	汉代至民国	下关镇温泉村	市级	2008	第三批
66	高兴龙绕石石窟造像	石窟寺	元至明	挖色镇高兴村	市级	2008	第三批

序　号	项目名称	类　别	级　别	公布时间
1	白族扎染技艺	传统手工技艺	国家级	2006 年 5 月
2	白族绕三灵	传统民俗	国家级	2006 年 2 月
3	大理三月街	传统民俗	国家级	2008 年 6 月
4	白族民居彩绘	传统手工技艺	国家级	2008 年 6 月
5	下关沱茶制作技艺	传统手工技艺	国家级	2010 年 5 月
6	大理白族大本曲之乡	传统曲艺	省级	2006 年 5 月
7	周城白族文化保护区	传统民俗	省级	2006 年 5 月
8	大理白剧《望夫云》	传统戏剧	省级	2006 年 5 月
9	大理石制作技艺	传统手工技艺	省级	2009 年 10 月
10	白族刺绣	传统手工技艺	省级	2009 年 10 月
11	大理白族鱼鹰驯化技艺	传统手工技艺	省级	2009 年 10 月
12	大理白族服饰	传统手工技艺	州级	2005 年 9 月
13	大理白族剪纸	传统手工技艺	州级	2005 年 9 月
14	大理白族民间故事	民间文学	州级	2005 年 9 月
15	大理白族民间传说	民间文学	州级	2005 年 9 月
16	大理洞经音乐	传统音乐	州级	2005 年 9 月
17	大理方块白文	传统知识与实践	州级	2005 年 9 月
18	大理白族三道茶	传统手工技艺	州级	2005 年 9 月
19	大理白族神话	民间文学	州级	2005 年 9 月
20	大理白族本主文化	传统民俗	州级	2005 年 9 月
21	大理白族合院式住屋	传统手工技艺	州级	2005 年 9 月
22	大理白族火把节	传统节庆	州级	2009 年 5 月
23	大理蝴蝶泉	传统民俗	州级	2009 年 5 月

24	白族甲马	传统美术	州级	2011 年 8 月
25	栽秧会	传统礼仪与节庆	州级	2011 年 8 月
26	大理白族造船技艺	传统手工技艺	州级	2011 年 8 月
27	白族面塑	传统美术	州级	2011 年 8 月
28	白族生皮	传统知识与实践	州级	2011 年 8 月
29	开海节	传统礼仪与节庆	州级	2011 年 8 月
30	喜洲粑粑	传统知识与实践	州级	2011 年 8 月
31	点苍派武术	传统体育与游艺	州级	2011 年 8 月
32	白族泥塑	传统美术	州级	2011 年 8 月
33	白族大本曲	传统曲艺	州级	2011 年 8 月
34	耍海会	传统民俗	市级	2010 年 6 月
35	大理白族唢呐	传统音乐	市级	2010 年 6 月
36	杜朝选斩莽传说	民间文学	市级	2005 年 5 月
37	"飞龙"正骨疗法	传统医药	市级	2010 年 6 月
38	观音负石阻兵传说	民间文学	市级	2010 年 6 月
39	三月三	传统民俗	市级	2010 年 6 月
40	大理乳扇	传统手工技艺	市级	2010 年 6 月
41	龙船赛	传统民俗	市级	2010 年 6 月
42	观音塘会	传统民俗	市级	2010 年 6 月
43	葛根会	传统民俗	市级	2010 年 6 月
44	大理东狱庙会	传统民俗	市级	2010 年 6 月
45	凤仪春蘸会	传统民俗	市级	2005 年 5 月

参考文献

[1]（唐）樊绰. 蛮书［M］. 成都：巴蜀书社，1998.

[2]（宋）欧阳修，宋祁. 新唐书·南诏传［M］. 北京：中华书局，1963.

[3]（宋）范成大. 桂海虞衡志［M］. 胡起望辑佚校注. 北京：民族出版社，1986.

[4]（元）脱脱等. 宋史·大理国传［M］. 北京：中华书局，1977.

[5]（明）杨慎. 南诏野史［M］. 成都：巴蜀书社，1998.

[6]（明）王士性. 广志绎［M］. 北京：中华书局，1981.

[7] 方国瑜主编. 云南史料丛刊（第一卷）［M］. 昆明：云南人民出版社，1990.

[8] 陈开俊等译. 马可波罗游记（第二卷）［M］. 福州：福建科技出版社，1981.

[9] 郭惠青，李公主编. 大理丛书·方志篇（卷四，卷五）［M］. 北京：民族出版社，2007.

[10] 杨政业主编. 大理丛书·本主篇［M］. 昆明：云南民族出版社，2004.

[11] 和生弟，王水乔主编. 大理丛书·史籍篇［M］. 昆明：云南民族出版社，2012.

[12] 马曜. 云南各族古代史略［M］. 昆明：云南人民出版社，1977.

[13] 马曜主编. 云南简史［M］. 昆明：云南人民出版社，1983.

[14] 尤中. 云南民族史［M］. 昆明：云南大学出版社，1994.

[15] 李昆生，祈庆富. 南诏史话［M］. 北京：文物出版社，1985.

[16] 邵献书. 南诏和大理国［M］. 长春：吉林教育出版社，1990.

[17] 段玉明. 大理国史［M］. 昆明：云南民族出版社，2003.

[18] 李东红. 云南乡土文化丛书·大理［M］. 昆明：云南教育出版社，2003.

[19] 李东红. 苍洱五百年［M］. 昆明：云南人民出版社，2004.

[20] 赵怀仁等. 大理上下四千年［M］. 北京：民族出版社，2006.

[21] 白族简史编写组. 白族简史［M］. 北京：民族出版社，2008.

[22] 张文勋主编. 白族文学史（修订版）［M］. 昆明：云南人民出版社，1983.

[23] 杨镇圭. 白族文化史［M］. 昆明：云南民族出版社，2002.

[24] 张福孙. 大理白族教育史稿［M］. 昆明：云南民族出版社，2008.

[25] 李晓岑. 白族的科学与文明［M］. 昆明：云南人民出版社，1997.

[26] 寸云激. 白族建筑的历史与文化［M］. 昆明：云南人民出版社，2011.

[27] 李缵绪，杨亮才. 中国民俗大系·云南民俗［M］. 兰州：甘肃人民出版社，2004.

[28] 杨亮才，赵寅松. 和谐的社会——中国白族本主文化［M］. 哈尔滨：黑龙江人民出版社，2006.

[29] 赵寅松. 守望精神家园——中国白族节日文化［M］. 哈尔滨：黑龙江人民出版社，2007.

[30] ［澳］C.P.菲茨杰拉德. 五华楼——关于云南大理民家的研究［M］. 刘晓峰,汪辉译. 北京：民族出版社，2006.

[31] 施珍华，何显耀主编. 中国民间故事全书·云南大理卷［M］. 北京：知识产权出版社，2005.

[32] 大理白族自治州文化局编. 大理白族自治州文物保护单位大全[M]. 昆明:云南民族出版社，2006.

[33] 大理白族自治州城乡建设环境保护局编. 大理风景名胜大全［M］. 昆明:云南民族出版社，2002.

[34] 大理白族自治州文化局，大理白族自治州文联，大理报社编. 大理风物志［M］. 昆明：云南教育出版社，1986.

[36] 薛琳主编. 新编大理风物志［M］. 昆明：云南人民出版社，1999.

[37] 云南省诗词学会，云南大学中文系. 云南历代诗词选［M］. 昆明：云南人民出版社，2002.

[38] 中共大理白族自治州委宣传部主编. 古今诗人咏大理［M］. 昆明：云南美术出版社，2012.

[39] 杨亮才主编. 茶马古道诗文选［M］. 昆明：云南人民出版社，2012.

[40] 大理市政协主编. 大理名胜古迹楹联选［M］. 昆明：云南民族出版社，2002.

[41] 寸丽香编著. 白族人物简志［M］. 北京：中国民族摄影艺术出版社，2009.

[42] 刘光曙. 大理文物考古［M］. 昆明：云南民族出版社，2006.

[43] 王晓云. 味蕾上的大理［M］. 昆明：云南人民出版社，2010.

[44] 杨吕泽主编. 大理风物故事［M］. 昆明：云南民族出版社，2003.

[45] 宝洪峰主编. 大理地名故事［M］. 昆明：云南民族出版社，1991.

[46] 大理白族自治州民族事务委员会编. 大理白族自治州民族宗教志[M]. 昆明:云南民族出版社，2009.

大理，作为地理概念，可追溯到南诏大理国时期，《元史·地理志》载其疆域："东至普安路之横山（今贵州普安）；西至缅地之江头城（今缅甸杰沙）。凡三千九百里而远；南到临安路之鹿沧江（今越南莱州省的黑河）；北至罗罗斯之大渡河，凡四千里而近。"声威远播东南亚。今天的大理白族自治州，下辖近三万平方公里，12县市。历史文化名城的大理，不可能以此为界，但理应包括以大理古城为中心，涵盖龙口（首）城和龙尾城之间的山川名胜，文物古迹。

大理，作为历史概念，它书写着辉煌五千年的历史。所以本书适当选录了发生在这一历史长河中的重大事件和重要历史人物。

大理，作为民族代名词，人们说到大理，就自然联想起生活在大理，创造了大理文化的白族。顺理成章，代表大理白族文化的精华也是本书的重要内容。

久负盛名的大理，古往今来，介绍大理的文献很多，其中有许多是佳作名篇。本书不仅广泛吸收了古代文献中对大理的记述，也吸收了当代学者们对大理的各种研究成果，资料来源于数十种书籍，在此一并致谢！

需要指出的是，没有大理白族自治州人民政府的大力支持和丛书编委会的悉心指导，没有中国民间文艺家协会和知识产权出版社的帮助，要想在这么短的时间完成编撰是不可能的。在此，同样致以诚挚的感谢！

需要说明的是，尽管编撰者努力按照丛书编撰的要求去做，但因水平所限，加之成书仓促，错漏之处肯定很多，敬请方家不吝赐教。

编者

2012 年 12 月

图书在版编目（CIP）数据

中国名城·云南大理 / 潘鲁生，邱运华总主编 . —北京：知识产权出版社，2017.3
（中国历史文化名城·名镇·名村丛书）
ISBN 978-7-5130-4803-3

Ⅰ . ①中… Ⅱ . ①潘… ②邱… Ⅲ . ①大理市—概况 Ⅳ . ① K928.5

中国版本图书馆 CIP 数据核字（2017）第 052320 号

责任编辑：孙　昕　　　　　　　　　　责任校对：谷　洋
文字编辑：孙　昕　　　　　　　　　　责任出版：卢运霞

中国历史文化名城·名镇·名村丛书
中国名城·云南大理
中国民间文艺家协会　组织编写
总 主 编　潘鲁生　邱运华
撰 稿 人　王　伟　杨伟林

出版发行：知识产权出版社 有限责任公司	网　　址：http://www.ipph.cn	
社　　址：北京市海淀区西外太平庄 55 号	邮　　编：100081	
责编电话：010-82000860 转 8111	责编邮箱：sunxinmlxq@126.com	
发行电话：010-82000860 转 8101/8102	发行传真：010-82000893/82005070/82000270	
印　　刷：天津市银博印刷集团有限公司	经　　销：各大网上书店、新华书店及相关专业书店	
开　　本：720mm×1000mm　1/16	印　　张：17	
版　　次：2017 年 3 月第 1 版	印　　次：2017 年 3 月第 1 次印刷	
字　　数：237 千字	定　　价：80.00 元	

ISBN 978-7-5130-4803-3